Vicky Gabriel

Götterwinkel

Heilige Orte in Ihrem Zuhause

Ein Praxisratgeber

Arun

Die deutsche Bibliothek - CIP-Einheitsaufnahme

Gabriel, Vicky:
Der Götterwinkel : die heiligen Orte in Ihrem Zuhause ;
ein Praxisbuch / Vicky Gabriel
Engerda : Arun, 2001
ISBN 3-927940-96-8

Arun-Verlag, Ortsstr. 28, D-07407 Engerda,
Tel.: 036743/ 233-11, Fax: 036743/233-17,
e-mail: info@arun-verlag.de; www.arun-verlag.de.
Titelbild: Helge Folkerts.
Band 9 der Reihe Edition Björn Ulbrich.
Gesamtherstellung: WB-Druck, Rieden.

ISBN 3-927940-96-8

Inhalt

Für meine Mutter –

der Herrin unseres Hausaltars

Danke schön!

Irgendwie fand ich Danksagungen bisher immer ein wenig seltsam. Aber seit diesem Buch weiß ich, wofür so etwas da ist – und daß man es manchmal wirklich braucht!

Vielen Dank also auf diesem Wege an meinen Mann William, der den größten Teil der Fotos gemacht hat, an meine Mutter Christel, deren Kreativität beim gemeinsamen Gestalten der Altäre kaum zu bremsen war – von ihrer Einsatzfreude gar nicht zu reden, denn als die wunderschönen Außenaufnahmen mit ihr gemacht wurden, hatten wir gerade mal neun Grad! Vielen Dank auch an meine Stieftochter Maria, die uns während der Zeit, in der wir die Bilder machten und auch während des Umzugs, der gerade in der Fertigstellungsphase dieses Buches stattfand, ein wahrhaft hingebungsvoller Babysitter war. Und schließlich danke ich Helge Folkerts, die dieses Buch mit ihren eigenen, wunderschönen Altaraufnahmen bereichert hat.

Einleitung

In den USA werden Schule und Religion streng voneinander getrennt – und das ist gut so, denn es erfüllt eine bestimmte Funktion. Leider trennen viele Menschen auch alle anderen Lebensbereiche von ihrer spirituellen Erfahrungswelt ab, was zu einer Spaltung zwischen den inneren Erfahrungswelten, dem persönlichen Wachstum also und dem täglichen Leben führt. Das kann aber auf Dauer nicht effektiv sein, denn schließlich ist der Alltag unser wunderbares, riesiges, ja beinahe grenzenloses Spielfeld, auf dem unsere Seele ihre Grenzen kennenlernen, ihre Barrieren überwinden und neue, angemessenere Verhaltensstrategien nach Lust und Laune ausprobieren kann. Wenn Sie mich fragen, so ist das Leben einzig geschaffen, um uns Gelegenheit zum Wachsen zu geben – da draußen halt, bei all den täglichen Problemen, Anforderungen und Erlebnissen. Was nützt uns also der regelmäßige Rückzug in unsere spirituellen Innenwelten, wenn wir dessen Ergebnisse nicht auch im Alltag praktisch auf die Probe stellen können?

Da sich viele Menschen dieses Mankos der spirituellen Suche im Verborgenen bewußt sind, existiert mittlerweile eine Vielfalt von Büchern und sonstigen Angeboten, die alle zum Ziel haben, die erworbenen Einsichten in den Alltag integrieren zu helfen – meist unter Zuhilfenahme kleiner Rituale oder auch verschiedener Meditations- und Selbstprogrammierungstechniken. Es gibt aber noch eine weitere Möglichkeit, die Sie in die Lage versetzt, ständig in Kontakt mit ihrem persönlichen seelischen Weg zu sein: der Hausaltar. Mit ihm können Sie Ihr Zuhause oder auch Ihren Arbeitsplatz in einen Tempel verwandeln, in dem alles, was Sie dort tun, eine besondere Qualität und Bedeutung erhält. Ein Altar kann ein Begleiter auf dem Weg zu Ihnen selbst, aber auch ein Spiegel Ihrer augenblicklichen Position im Leben sein. Darüber hinaus bietet er Ihnen Schutz, dient als Quelle der Lebenskraft und kann Sie bei der Umsetzung Ihrer Träume und Ziele wesentlich unterstützen. Er erinnert Sie stetig daran, daß es in Ihrem Leben noch eine weitere Dimension gibt, die über jene des Alltags weit hinaus und auch tief in Sie hineinreicht und verbindet Sie auf diese Weise ganz selbstverständlich mit der Ganzheit des Seins.

Und für all das brauchen Sie nur ein paar Gegenstände aus Ihrem Haus oder dem Wald und ein paar Augenblicke Ihrer kostbaren Zeit. Und weil es wirklich nicht komplizierter ist, schlage ich vor, daß wir diese Einleitung nun ebenso schnell beenden, wie sie begonnen hat, und mit viel Freude zum Gestalten übergehen!

Vogelsberg, im Frühjahr 2001

von der herkunft des hausaltars

Heilige Orte in vorchristlicher Tradition

Eigentlich ist "Hausaltar" in diesem Zusammenhang ein verwirrender Begriff, denn bereits lange bevor Menschen in Häusern zu leben begannen, schufen und pflegten sie Orte der Andacht, der Verehrung und der Anrufung überall dort, wo sie sich für eine gewisse Zeit niederließen. Auf gewisse Weise war die Wohnhöhle unserer steinzeitlichen Vorfahren eine Art riesige Wohngemeinschaft, in der sich ein ganzer Stamm zusammenfand, um alle Aspekte seines Lebens miteinander zu teilen – auch die sakralen. Offenbar war der dort zur Verfügung stehende Raum deutlich unterteilt und den einzelnen Sippenmitgliedern anhand ihres Status innerhalb des Stammes zugeordnet; meist jedenfalls findet sich ein einzelner, klar abgetrennter Höhlenbereich, in welchem ein Heiler, Schamane oder Medizinmann (bzw. dessen weibliche Entsprechung) ein kleines Heiligtum schuf, mit dessen Hilfe er sich um das Wohlergehen der Gemeinschaft kümmerte. Erst später, als sich Lebensgemeinschaften wie das Dorf herausbildeten und nicht mehr alle einer solchen Gemeinschaft angehörigen Menschen dieselbe Behausung teilten, entstand die Notwendigkeit der Schaffung zentraler Orte der Verehrung, wie es Tempel und Kirchen sind. Dennoch wurde der Brauch des Hausaltars bei den meisten Religionen beibehalten; vielleicht, weil die Menschen ihre Götter dort im Tempel als "so weit weg" empfanden und auf das Gefühl der Nähe und Verbundenheit im Alltag nicht verzichten wollten. Diese kleinen häuslichen Andachtstätten erinnerten sie jederzeit daran, daß das Heilige im Leben überall anzutreffen ist und man nicht in einen Tempel gehen muß, um vom Göttlichen umgeben zu sein.

Im Gegensatz zum heute in der westlichen Welt eher untergeordneten Stellenwert des Hausaltars hatte dieser in der Antike eine große Bedeutung. Er fand sich meist im Zentrum des familiären Lebens, wie im Eingangs- oder Kochbereich und wurde im Laufe des Tages in viele der immer wiederkehrenden Handlungen und Abläufe des Lebens mit eingebunden. So opferte man gerne Speisen und andere Gaben als Dank an die Götter, richtete dort kleinere Bitten an sie oder vertiefte größere Anliegen, die zuvor eventuell bereits im Tempel vorgebracht worden waren. Auch der Kontakt zu den Ahnen einer Familie fand in vielen Kulturen an diesem heiligen Ort statt, der aufgrund seiner persönlichen und intimen Gestaltung sowie seines eher eingeschränkten Zugangs für Nichtfamilienmitglieder eine direkte Verbindung zu all jenen Anliegen und Verstorbenen zu schaffen imstande war, die ausschließlich mit der Familie selbst in Verbindung standen.

Tara

In vielen antiken Kulturen (wie zum Beispiel der römischen, griechischen und auch der nordischen) ging man darüber hinaus von der Existenz sogenannter Haus- und Familiengeister aus – Wesenheiten, deren Hauptaufgabe darin bestand, das Wohlergehen der Familie und die Erfüllung ihrer Aufgaben im Rahmen des von den Göttern vorgezeichneten Loses zu gewährleisten. Ihnen waren meist eigene Altäre oder bestimmte Bereiche auf diesen gewidmet, und die Menschen begegneten ihnen mit großer Hingabe und Verbundenheit. In gewisser Weise waren es diese Geister, die eine lose Folge von miteinander verwandten Menschen erst zur Familie machten – also zu einer Gemeinschaft, die von einem Blut war und in *einem Geist* handelte, selbst über Jahrhunderte und viele Generationen hinweg. Dies ermöglichte den Angehörigen vorchristlicher Kulturen ein Leben in sinngerichteter Geborgenheit, da sie sich auf diese Weise in einem größeren Zusammenhang verwurzelt erlebten.

Fast überall auf der Welt läßt sich die Tradition des familiären Hausaltars bis weit in die Vorzeit zurück nachweisen, und an vielen Orten besteht sie heute noch. In der christlichen Welt hat dieser Brauch leider sehr an Bedeutung verloren; nur in bestimmten, eher ländlichen Regionen wie zum Beispiel dem Alpenland trifft man manchmal noch den berühmten "Herrgottswinkel" an, in dessen Mittelpunkt interessanterweise meist nicht der ihm seinen Namen gebende Gottvater, sondern vielmehr die Jungfrau Maria steht. Mich verwundert dies allerdings kaum, da auch ich ehrlich gesagt eine Frau und erfahrene Mutter in Fragen des familiären Wohlergehens und der häuslichen Geborgenheit als die kompetentere Instanz betrachte. Doch auch die Heiligen der christlichen Volksüberlieferung finden sich hier in Form von Bildern und kleinen Statuen gerne wieder und sind in dieser Funktion ein wenig mit den Haus- und Familiengeistern der Antike vergleichbar, wenn auch nicht mit diesen gleichzusetzen. Andernorts auf dieser Erde erfreut sich die Tradition des Hausaltars aber noch heute eines regen Zuspruchs; in Indien beispielsweise, wo man an beinahe jeder Straßenecke kleine Andachtstätten findet, dürfen solche auch im häuslichen Bereich nicht fehlen. Ähnlich verhält es sich in Japan wie auch überall sonst, wo der Buddhismus Fuß fassen konnte (der nicht nur in diesem Fall ein beeindruckendes Beispiel für eine moderne Religion ist, die bis in unsere Zeit die Verbindung zu ihren Wurzeln und ursprünglichen Bräuchen zu bewahren imstande war). Darüber hinaus erleben wir in Japan die friedliche Koexistenz des relativ jungen Buddhismus mit dem im Vergleich wesentlich älteren und deutlich naturbetonten Shintoismus, dessen Altäre sich ebenfalls an vielen Orten dieses Landes finden lassen.

Buddha

WEGE
zu persönlichen
ORTEN
der
KRAFT

Wie erstellt man einen Hausaltar?

Es gibt auf dem Buchmarkt eine Vielfalt an diesbezüglicher Literatur, in welcher genauestens aufgelistet ist, welcher Gott, welche Pflanze, welches Gestein und welches Was-weiß-ich-noch-alles für die jeweiligen Anliegen und Lebensbereiche zuständig ist. Sie können diese Bücher wie eine Rezeptsammlung verwenden und sich auf diese Weise sicher sein, alles "richtig" gemacht und auf keinen Fall einen Punkt vergessen zu haben, den die Autoren dieser Bücher für bedeutsam halten. Wie aber bereits erwähnt, stellen Hausaltäre eine sehr persönliche Angelegenheit dar, und ich glaube kaum, daß die im fernen Amerika lebende und aufgewachsene Autorin eines solchen Nachschlagewerks viel über Ihre ganz eigenen Träume, Bedürfnisse und Ihre spezielle Lebenssituation weiß. Was diese Dinge angeht, sind Sie einfach sich selbst der beste Experte weit und breit. Deshalb möchte ich Ihnen hier einen anderen Weg hin zur Gestaltung heiliger

Auf diesem Altar wurden liebgewordene Stücke und bedeutungsvolle Bildnisse für eine Weile aufgestellt. Von Reisen mitgebrachte Kunstkarten, Symbole und Steine erinnern an besondere Erlebnisse oder inspirierende Erfahrungen und halten die Beziehung dazu lebendig.

Winkel nahebringen; einen Weg, der sich einzig und alleine auf Ihre Wünsche, Notwendigkeiten und Ihre Persönlichkeit stützt. Auf diese Weise werden Sie Ihren Altar zwar höchstwahrscheinlich nicht in einer halben Stunde fertiggestellt haben, sondern unter Umständen Wochen benötigen, bis er Ihnen erstmals ganz erscheint, und auch dann wird er sich weiterhin stetig gemeinsam mit Ihnen wandeln, verändern und wachsen. Dafür werden Sie aber mehr als nur ein hübsches Dekorationsobjekt für das Wohnzimmer geschaffen haben. Sie werden über einen machtvollen Ort der Kraft verfügen, der Ihnen jederzeit zugänglich ist und mit dessen Hilfe Sie nicht nur eine deutlich spürbare Verbindung zur Gesamtheit der Sie umgebenden Schöpfung erlangen können, sondern der darüber hinaus auch ein unschätzbares Instrument für Ihr persönliches Wachstum sein kann. Ein gut gestalteter Hausaltar bringt Sie zugleich mit den tiefsten Schichten Ihrer Seele wie auch mit den ursprünglichsten Wesen und Instanzen der Natur in Verbindung, ohne dabei fordernd zu sein oder Sie zu irgend etwas zu zwingen. Er ist ein Angebot, das Sie jederzeit auf die von Ihnen gewünschte Weise, Tiefe und Dauer in Anspruch nehmen können. Deshalb rate ich dazu, Hausaltäre auf eher intuitive Weise zu erschaffen und nicht auf theoretischer Ebene anhand von Nachschlagewerken vorzugehen. Wie aber geht das im einzelnen vor sich?

Der intuitive Weg

Der intuitive Weg besteht darin, auf sich selbst zu hören und auch auf jene Wesen und Instanzen, die sich gerne Ihrer inneren Stimme bedienen, um Ihre Aufmerksamkeit zu erlangen. Lauschen Sie also nach innen. Betrachten Sie Ihre Umgebung von nun an nicht nur unter verstandesmäßigen Gesichtspunkten, sondern beobachten Sie auch, welche Gefühle die Dinge, Erlebnisse, Situationen und Personen, die Ihnen begegnen, in Ihnen auslösen. Das ist wichtig, weil unser zivilisationstrainiertes Gehirn die Unterscheidung in für uns wichtige und unwichtige Begebenheiten auf eine seltsame Weise zu treffen pflegt: Es neigt dazu, rationale Themen über- und im Gegenzug emotionale, intuitive und unbewußte Botschaften unterzubewerten. Gerade letztere benötigen Sie jedoch, um Ihr ganz persönliches heiliges Lebenszentrum zu erschaffen. Was wirklich wichtig für Sie ist, weiß Ihr Verstand nämlich gar nicht – zumindest dann nicht, wenn er sich bei dieser Entscheidung nicht zugleich auch auf die Erkenntnisse tieferer Seelenschichten stützen kann. Dafür ist unser Verstand viel zu wankelmütig; ihm ist wichtiger, was andere von uns halten, was allgemein als vernünftig gilt und wie sich ein erwachsener Mensch zu verhalten hat. Natürlich ist unser Leben eine komplexe Angelegenheit, und auch diese Aspekte sind von unbestreitbarer Bedeutsamkeit; aber wenn wir unserem Verstand nicht jene Unterstützung aus den Bereichen der

Gefühle und Intuition zukommen lassen, auf die er doch zur sinnvollen Erfüllung seiner Funktion so dringend angewiesen ist, kann er lediglich einseitige Entscheidungen treffen, die uns nur allzu oft krank und frustriert zurücklassen.

Der Weg des Wahrnehmens

Unser Verstand alleine arbeitet also gerne nach dem Schwarzweiß-Schema "Wichtig-Unwichtig". So wird er zum Beispiel auf einem Waldspaziergang eine zufällige Begegnung mit einem Vorgesetzten als wichtig und einen Haufen Steine am Wegesrand als unwichtig einstufen; Sie werden also wahrscheinlich ein paar Minuten im Gespräch mit Ihrem Chef verbringen und danach am Steinhaufen achtlos vorübergehen. Was aber, wenn sich gerade auf diesem Haufen ganz oben ein kleiner, von Quarzadern durchzogener und im Sonnenlicht schimmernder Stein befunden hat, den die Wesen des Waldes nur für Sie hier abgelegt haben? Nun, dann sind Sie mittlerweile wohl längst fröhlich pfeifend oder in Gedanken versunken daran vorbei marschiert. Wieder zu Hause angekommen, werden Sie sich die Frage nach dem Sinn dieses Waldspaziergangs wie so viele andere Menschen auch mit verstandesmäßigen Argumenten wie einer erhöhten Sauerstoffzufuhr und etwas Bewegung beantworten – dabei wissen Sie doch ganz genau, daß ein halbstündiger Spaziergang Sonntag nachmittags im Vergleich zu den vierzig Stunden, die Sie pro Woche im Büro verbringen, herzlich wenig bringt. Nein, eigentlich sind Sie aus einem anderen Grund in den Wald gegangen – aus einer Sehnsucht heraus, die so tief in Ihnen verwurzelt ist, daß Sie diese eigentlich gar nicht in Worte fassen können. Und eben weil Ihnen dies nicht möglich ist, können Sie die Zeichen auch nicht erkennen, welche Ihnen auf dem Weg zur Erfüllung dieser Sehnsucht gesandt werden.

Die Wunder sind *wirklich* da draußen und auch in uns – wir haben nur verlernt, sie zu erkennen. Aber das läßt sich ganz leicht wieder einüben. Als Kinder konnten wir es noch, erinnern Sie sich? Da konnten ganz gewöhnliche Steine noch eine andere und größere Bedeutung bekommen und die Bäume plötzlich reden. Nein, das waren keine Kindereien, da muß ich Sie enttäuschen. Es waren dieselben Wesen, dieselbe lebendige Ganzheit der Natur und derselbe innerste Kern Ihrer Persönlichkeit, die da auf einmal mit Ihnen zu kommunizieren begannen. Und sie versuchen es heute noch, an jedem einzelnen Tag Ihres Lebens. Diese Wesen wenden sich allerdings nicht mit Worten an Sie, sondern bedienen sich Ihrer sonstigen Wahrnehmungen, Ihrer Gefühle, Intuition und Inspiration. Auf Deutsch gesagt heißt dies: Wenn Sie bei einem Spaziergang einen hübschen Stein finden, bei dessen Anblick Sie so ein ulkig-fröhliches Gefühl im Bauch bekommen, sind Sie nicht kindisch, sondern haben gerade eine Botschaft erhalten und ein Geschenk noch dazu. Nehmen Sie ihn mit, wahrscheinlich macht er sich ganz hervorragend auf Ihrem Hausaltar!

Je mehr Sie üben, auch die nicht dem Verstand entsprungenen Informationen und Bewertungen Ihrer Persönlichkeit zu bemerken, um so mehr Dinge und Begebenheiten werden sich Ihnen in einem ganz neuen Licht zeigen – oder überhaupt erstmals von Ihnen bemerkt werden. Wandeln Sie wachen Auges und mit Ihrer *ganzen* Person durch das Leben, und fragen Sie sich vorerst nicht, warum die Dinge, die Ihnen dabei auffallen, eine Bedeutung für Sie haben sollen – vorerst genügt es, wenn Sie Ihnen aus welchem Grund auch immer bedeutsam vorkommen. Oft klärt sich das Warum erst im Nachhinein und dann ganz von selbst. Beginnen Sie, Gefühle und die mit diesen verbundenen Gegenstände zu sammeln und an einem besonderen Ort aufzubewahren. Wenn Sie unbedingt wissen wollen, warum diese kleine Nachbildung der Venus von Willendorf Sie so anzieht, konsultieren Sie meinetwegen auch ein Nachschlagewerk – aber bitte entscheiden Sie nicht anhand einer solchen Auflistung von Bedeutungen darüber, was Sie wohl brauchen könnten. Dann handelt nämlich wieder allein der Verstand, und Sie wissen ja nun, warum dieser eine solche Aufgabe kaum alleine bewältigen kann.

Auf diese Weise werden ein paar Dinge auf Ihrem Altar landen, mit denen Sie in einem solchen Zusammenhang wahrscheinlich kaum gerechnet hätten. Wundern Sie sich nicht, wenn sich plötzlich herausstellt, das auch profane Alltagsgegenstände einen Platz darauf einfordern können; immerhin geht es hier um eine tiefgehende und wirkungsvolle Verbindung zu *Ihrem Leben*, und das dürfte sich nur in Ausnahmefällen ausschließlich im Wald abspielen. Meist stellt sich im Nachhinein heraus, daß gerade alltägliche Dinge auf dem Altar einen Symbolgehalt bekommen, der weit über ihre übliche Verwendung hinausgeht. Viele Menschen haben zum Beispiel in Zeiten der Rauchentwöhnung eine Zigarettenschachtel auf Ihrem Altar liegen, weshalb ich mich über die Ausflüge, welche meine Gebrauchsgegenstände immer wieder in meine heiligen Winkel machen, meist nicht mehr wundere – früher oder später wird sich schon klären, was sie mir damit sagen sollen. Eines Tages war ich aber doch etwas verblüfft, als es mich mit der Bohrmaschine in der Hand in Richtung des Familienaltars zog (das mächtige Gerät sah ja auch zugegebenermaßen zwischen all den grazilen Rosenblüten ein wenig lächerlich aus), aber nachdem ich einige Zeit in der Betrachtung dieses Bildes versunken verbracht hatte, wurde mir plötzlich bewußt, daß es in einem geraden schwelenden familiären Konflikt eine Unklarheit gab, die noch niemand auszusprechen gewagt hatte. Ich sollte offensichtlich mal "nachbohren"! Nachdem ich das getan und auf diese Weise die notwendigen Voraussetzungen zur Lösung des Konflikts geschaffen hatte, erzählte ich den anderen Familienmitgliedern, wie ich auf diese Idee gekommen war. Gemeinsam schüttelten wir uns vor Lachen über die herrlich direkte und dadurch oft so humorvolle Art, in welcher unsere Seele mit uns in Verbindung tritt.

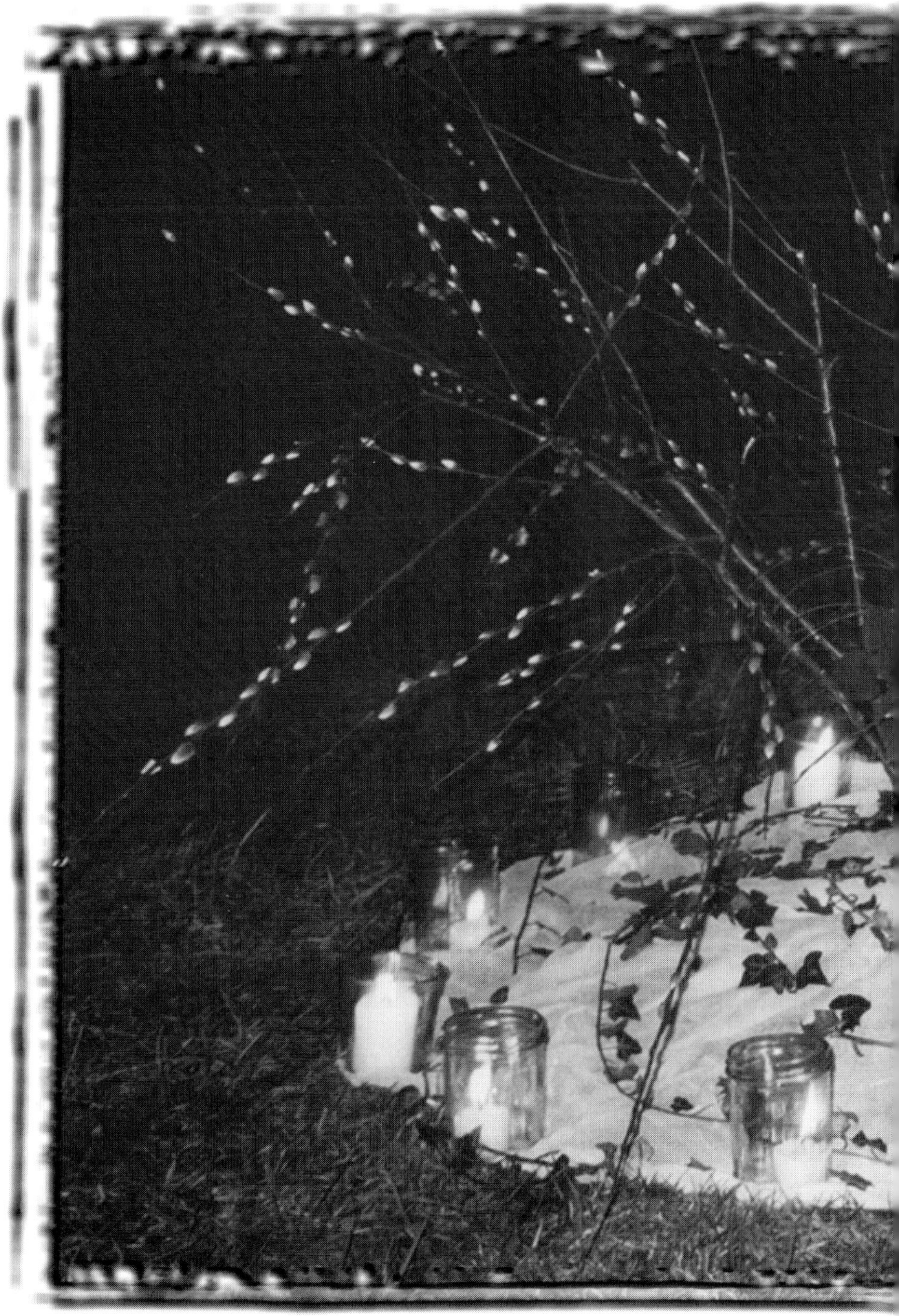

Die Aufgaben eines Altars

Der Spiegel des Selbst

Viele Menschen betrachten es als erstrebenswert, den Umgang mit sogannten "magischen Spiegeln" zu erlernen, weil sie sich daraus Informationen über andere Menschen bzw. Dinge oder die Zukunft erhoffen. Das ist ja schön und gut, aber meiner Erfahrung nach ist der kostbarste aller magischen Spiegel jener, in dem Sie sich selbst sehen können – Ihr wahres, unverfälschtes und unverkrümmtes Ich. Aus der Kenntnis dieses Ichs heraus kann wirklich machtvolle Magie gewoben werden, weshalb alle seriösen magischen wie auch naturreligiösen Schulen großen Wert auf die Erkenntnis dieser inneren Instanz legen. Wenn Sie einen Hausaltar nach der intuitiven Methode anlegen und sich dann entsprechend mit ihm auseinandersetzen, kann dieser zu einem solchen Spiegel werden. Sie erschaffen damit einen Ort, der Ihre tiefsten Bedürfnisse, Ihr wahres Sein auf eine höchst ehrliche und direkte Weise – nämlich buchstäblich zum Anfassen – symbolisiert. Die Magie kommt dabei übrigens von ganz alleine, denn bereits wenn Sie sich

Der Altar eines Malers – hier wird der für das Selbstbildnis benötigte Spiegel wahrhaftig zur Reflexion des Selbst.

hinabneigen, um einen Gegenstand auf den Altar zu legen, vollziehen Sie damit zugleich auch eine Verbeugung vor den Dingen, die Ihre Person repräsentieren und damit vor sich selbst. Wann immer Sie dies bewußt tun, wenden Sie ein äußerst machtvolles Ritual zur Vertiefung und Stabilisierung Ihrer Selbstachtung an, das ich im weiteren Verlauf des Buchs noch genauer beschreiben werde.

Ein Ort der Ruhe

Ein geschickt angelegter Altar kann zu einem wertvollen Rückzugsort für Sie werden, der es Ihnen ermöglicht, immer dann aus dem Alltag auszusteigen und wieder in Verbindung mit Ihnen selbst zu treten, wenn alles über Ihren Kopf hinauszuwachsen droht. Hier haben Sie einen Platz, an dem Sie "Stop" sagen können – und Sie werden lachen, das klappt! Die Welt hält wirklich für ein paar Minuten an und läßt sie wieder zu Atem kommen. Und zu Atem kommen heißt immer, bei sich selbst anzugelangen – dort, wo all die Möglichkeiten und Lösungen ruhen, die dann nur ergriffen und umgesetzt werden müssen. Viele Menschen genießen diesen Effekt so sehr, daß sie ihn sich regelmäßig gönnen, ob sie nun im Streß sind oder nicht (eine Freundin von mir meinte in diesem Zusam-

menhang einmal: "Das ist genauso erfrischend wie ein Saunabesuch, nur viel billiger.") Darüber hinaus heißt es nicht umsonst "In der Ruhe liegt die Kraft", denn wenn es Ihnen erst einmal regelmäßig gelingt, willentlich einen Zustand der Ruhe und Ausgeglichenheit zu erschaffen, ist es kein weiter Weg mehr zu Ihren eigenen inneren Kraftquellen wie auch zu jenen der Natur. Auch dazu werden Sie später noch einige rituelle Anregungen finden.

Rituelle Arbeit

Schlußendlich war der Altar schon immer das Zentrum vieler magischer Aktivitäten und ist es auch heute noch. Er ist ein Schwellenort, ein Platz, an dem es von einem Zustand in den anderen, von einer Welt in die nächste geht. Wie schon erwähnt stellt er eine Verbindung zwischen Ihrem Alltagsbewußtsein und Ihrem inneren Selbst her; auf dieselbe Weise kann er auch zur Übergangszone zwischen vielen anderen Lebensbereichen werden, je nachdem, welche Schwerpunkte Sie setzen: zwischen Innen und Außen bzw. unbewußter und bewußter Persönlichkeit, zwischen künstlicher Welt und Natur (falls Sie diese Trennung erleben) oder der materiellen und der feinstofflichen Welt und noch vielen weiteren Bereichen. Ihr Altar wird das werden, was Sie brauchen.

Ort der Verehrung

Viele Menschen stellen Ihren Altar in den Dienst der Ausübung einer bestimmten Religion. Dies ist nicht zwingend notwendig, aber bei mir der Fall, weshalb dieses Buch eine deutliche naturreligiöse Prägung hat. Machen Sie sich darüber keine Gedanken, falls Sie diesen Glauben nicht teilen – die hier dargelegten Grundprinzipien sind für jeden Menschen anwendbar, der auf dem Weg zu sich selbst ist. "Übersetzen" Sie Rituale, Götter und Wesenheiten einfach in Ihre eigene Religion oder lassen Sie sie ganz weg – schlußendlich sind Sie selbst alles, was Sie auf dem Weg zu einem erfüllten Leben brauchen. Oder, wie Geothe im "Werther" so sinnig anmerkt: "Wenn wir uns selbst fehlen, fehlt einem doch alles", was im Umkehrschluß wiederum bedeutet, daß die Erkenntnis der eigenen Bedürfnisse und Persönlichkeit erst ermöglicht festzustellen, was ein Mensch wirklich braucht und wie er es sich verschaffen kann. Bei beiden Schritten kann ein Hausaltar ein wirkungsvoller Helfer sein.

die auswahl des standorts

Ein spontaner Altar, den ich bei meiner Hausärztin antraf. Sie "verschönerte" den häßlichen Sicherungskasten, indem sie darauf ein kleines Heiligtum des Asklepios erschuf!]

Wie finde ich den geeigneten Ort?

Eigentlich ganz ähnlich wie auch die für den Altar bestimmten Gegenstände. Gehen Sie mit wachen Augen und bereit für die Botschaften aus Ihrem Inneren durch Ihr Haus oder Ihre Wohnung. Fühlen Sie nach, wann die Vorstellung, an einem bestimmten Platz eine heilige Ecke zu schaffen in Ihnen eher unangenehme oder eher wohlige, vielleicht sogar freudige oder begeisterte Empfindungen auslöst. Wo fühlt es sich "einfach gut" an? Wenn Sie möchten, können Sie auch gerne eine Rute oder ein Pendel zu Hilfe nehmen, denn diese Werkzeuge tun nichts anderes, als Ihre inneren Botschaften zu verdeutlichen. Sollte allerdings der Rat des Pendels Ihrem Gefühl widersprechen, ist es vielleicht sinnvoller, sich auf letzteres zu verlassen (vor allem dann, wenn Sie über wenig Erfahrung mit dem Pendeln verfügen). Es lohnt sich auch, darauf zu achten, wo Sie unter Umständen bereits mit der Schaffung eines Altars begonnen haben; viele Menschen haben irgendwo in ihrer Wohnung einen Ort, an dem sie bedeutsame Gegenstände, Fotos und kleine Geschenke von nahestehenden Menschen, liebgewonnene Reisemitbringsel oder ähnliches aufstellen. So entstehen oft auf unbewußtem Weg stil-

Ein Badezimmeraltar

le Orte, die im wesentlichen dieselbe Funktion wie ein Altar erfüllen oder erfüllen können. Das beeindruckendste und zugleich lustigste Beispiel hierfür fand ich eines Tages, als mein Mann mich bat, noch kurz mit in seinen Arbeitsraum in der Zentrale einer Großbank mitzukommen. Dort waren in der Ecke eines Großraumbüros etwa zwölf Computerarbeitsplätze zu einer Gruppe zusammengefaßt, und an allen herrschte die Überraschungseier-Manie! Irgend jemand hatte mal in einer Arbeitspause ein solches Ei verzehrt, den Inhalt zusammengebaut und auf seinem Bildschirm aufgestellt. Andere waren diesem Beispiel gefolgt, und mittlerweile tummelten sich auf jedem der Monitore um die zwanzig kleine, bunte Spielzeugfiguren! Zunächst sah ich das Ganze von der humorvollen Seite, doch bald schon wurde mir klar, daß die an diesen Plätzen arbeitenden Menschen sich einen machtvollen Gruppenaltar geschaffen hatten, dessen Inhalte Lebensfreude, Farbenpracht, Kreativität und Abgrenzung vom Diensteinerlei waren. Es überraschte mich nicht, als mir mein Mann vom guten Gruppengefühl und den einfallsreichen Arbeitsleistungen der Menschen an diesen Computern berichtete.

Erst wenn Sie auf intuitivem Weg einen oder mehrere von Ihrem Gefühl her geeignete Plätze gefunden haben, sollten Sie noch die eine oder andere verstandesmäßige Überlegung einbringen: Darf Ihr Altar für Besucher sichtbar sein? Haben Sie am gewählten Ort die Möglichkeit, sich zurückzuziehen und mittels einfacher Mittel wie einer geschlossenen Tür und einem "Bitte nicht stören"-Schild für ein paar Minuten ungestört zu sein? Haben Sie genug Platz, um sich vor den Altar setzen oder vielleicht auch einmal hinlegen zu können? Wenn Sie sich noch immer nicht für einen bestimmten Ort entscheiden können oder wollen, bietet sich auch eine weitere Alternative an: Wer sagt denn, daß Sie nur *einen* heiligen Winkel haben dürfen? In meiner Wohnung gibt es in fast jedem Raum eine kleine Ecke, die mit für mich bedeutsamen und mit der Funktion des Zimmers in Verbindung stehenden Gegenständen geschmückt ist. Diese Eckchen nehmen nicht viel Platz ein und enthalten nur wenige, aber gezielt ausgewählte Dinge, die mich immer an die wunderbaren und heiligen Aspekte des täglichen Lebens erinnern und mich mit diesen verbinden. Darüber hinaus habe ich in einem abgeschiedenen Raum einen größeren Altar angelegt, der mir auch die Möglichkeit zur Meditation und Durchführung von Ritualen bietet. Vergessen Sie auch den Garten nicht, falls Sie einen haben – nirgends steht geschrieben, daß ein Hausaltar unbedingt *im* Haus sein muß; er kann seine grundsätzlichen Funktionen durchaus auch im Freien erfüllen, solange es sich dabei um einen Bereich handelt, der eng mit Ihnen in Verbindung steht. Natürlich ist es dann sinnvoll, nur wetterfeste Gegenstände auszulegen oder nicht so stabile nach jedem "Gebrauch" wieder mit ins Haus zu nehmen.

Ein Schlafzimmeraltar. Traumfänger, Lavendel und Salz bescheren einen erholsamen und lehrreichen Schlaf.

symbole

Symbole und ihre Funktion

Im Zusammenhang mit den Gegenständen, die auf einem Altar stehen, ist bereits mehrmals der Begriff "Symbol" oder auch "Repräsentation" gefallen. Die von Ihnen gewählten Elemente vermitteln auf drei verschiedenen Ebenen eine Botschaft: Zum einen stehen sie schlicht für sich selbst und zum anderen haben sie oft eine archetypische (also eine für alle Menschen geltende) Bedeutung. Die dritte Ebene erschließt sich nur demjenigen, der den entsprechenden Gegenstand gewählt hat, denn es handelt sich dabei um Informationen, die ausschließlich für ihn bestimmt sind. So ist die Muschelschale auf Ihrem Altar zunächst einmal genau das: die ehemalige Behausung eines Weichtieres. Auf der archetypischen Ebene aber repräsentiert sie Intuition, Weiblichkeit und Gefühle sowie ein gewisses Maß an Schutz und Geborgenheit, während sie auf der dritten Ebene vielleicht den Rat enthält, die eigenen Gefühle nicht so sehr einzukapseln und sich der Außenwelt nicht so stark zu verschließen. Es kann aber auch bedeuten, daß Sie mehr Schutz benötigen und mehr auf das achten sollten, was Sie wirklich brauchen. Was genau zutrifft, können nur Sie selbst aufgrund der Kenntnis Ihrer persönlichen inneren wie äußeren Lebensumstände entscheiden.

Die Art und Weise, in der Symbole uns all diese Dinge mitteilen, wird oft als "verschlüsselt" bezeichnet, aber das trifft meiner Ansicht nach nicht wirklich zu. Es handelt sich hier weniger um einen Code, der mühevoll geknackt werden muß, als vielmehr um eine Sprache, die sich lediglich von der des Verstandes unterscheidet, denn während dieser sich zur Kommunikation verbaler Mittel bedient, greifen die tieferen Schichten Ihrer Seele zu diesem Zweck auf die Welt der Bilder, Gefühle und Bedeutungen zurück. Symbole sprechen also die Sprache des Unbewußten oder, wie manche sagen, des inneren Kindes. Sie kommunizieren darüber hinaus mit einem Teil in uns, der sehr viel älter ist als das Wort und der den Austausch von Ideen, Bildern und Gefühlen zu einer Zeit in der Entwicklung des Menschen übernahm, als dieser noch keine verbale Kommunikation kannte.

Das Spannende daran ist die Fähigkeit unseres Verstandes, diese Symbolsprache zu erlernen, während dem Unbewußten der umgekehrte Weg nicht so ohne weiteres möglich zu sein scheint. Damit bietet sich Ihnen ein ideales Mittel zu Hervorhebung unbewußter Persönlichkeitsinhalte in den bewußten Geist – die Arbeit mit Symbolen ist also ein direkter Weg zur Selbsterkenntnis. Das macht es Ihnen möglich, unbewußte Programme zu erkennen und "umzuschreiben" – und das sogar dann, wenn es sich um archetypische, also allen Menschen gemeinsame Muster handelt. Gerade in einer Zeit, in der sich viele Menschen den Ergebnissen der sich von ihnen unbemerkt in ihrem Inneren vollziehenden Prozesse hilflos ausgeliefert fühlen, kann der Umgang mit Symbolen Sie in die Lage versetzen, bewußt und machtvoll auf den Verlauf Ihres Alltags einzuwirken. Wie schon erwähnt können Sie über die meditative Erforschung eines Gegenstands, einer Person oder einer Situation, die Sie in der Tiefe Ihrer Seele ansprechen, viele Informationen über Ihre wahre Persönlichkeit und den Weg dorthin erlangen; umgekehrt ist es jedoch ebenso möglich, den tieferen Instanzen Ihres Selbst auf diese Weise hilfreiche und unterstützende Botschaften zu vermitteln. So habe ich während einer wochenlangen sehr schwierigen Phase meines Lebens, in der ich mich kaum in der Lage fühlte, mich selbst zu spüren und für mich nachhaltige Entscheidungen zu treffen, einen etwa faustgroßen, rohen Basaltkern in meiner Handtasche mit mir geführt, den ich immer dann in die Hand nahm, wenn die Verwirrung wieder über mir zusammenzuschlagen drohte. Da der Vogelsberg – meine Heimat – aus Vulkanbasalt besteht, konnte ich den unsicheren und verängstigten Anteilen in mir auf diese Weise Stabilität verschaffen und mich wieder mit den Wurzeln meiner Persönlichkeit, mit meinem eigenen wahren Kern verbinden. Genaugenommen habe ich den Stein meinem inneren Kind gezeigt und ihm damit gesagt: "Schau her, da kommen wir her, das sind wir, und weil wir es immer

bei uns haben und ansehen sowie anfassen können, werden wir all das auch nicht vergessen. Ich bin wie der Vulkanfels. Ich schaffe das."

Symbolisieren von Lebensinhalten

Für die eben beschriebene Art der Selbstunterstützung eignen sich Altäre ganz hervorragend, da Ihre stetige Beschäftigung damit diese "auflädt" und energetisch aktiv macht. Was immer Sie also zum Thema Ihres heiligen Winkels machen und dort mit geeigneten Gegenständen symbolisch darstellen, wird einer ständigen Bearbeitung, Energetisierung und Aktivierung unterzogen, die sich auf Ihr ganzes Leben auswirkt. Bei der Auswahl von für ein bestimmtes Thema geeigneten Dingen habe ich die Assoziationsmethode als sehr zielführend erlebt. Wenn ich beschließe, an einem speziellen Problem zu arbeiten, führe ich mir dieses in einer ruhigen Minute in allen für mich erkennbaren Einzelheiten vor Auge. Wenn ich den Eindruck habe, alles für mich Erfaßbare wahrgenommen zu haben, nehme ich mir ein Blatt Papier und einen Stift und beginne, wahllos alles aufzuschreiben, was mir an Bildern, Personen, Gegenständen, Situationen und ähnlichem dazu einfällt. Das Ergebnis einer solchen Sitzung möchte ich zur Verdeutlichung hier verkürzt wiedergeben:

Situation:

Die Ereignisse überstürzen sich. Mein ganzes Leben scheint sich umzubauen, und ich komme mit dem Handeln einerseits nicht mehr mit, während meine zukünftige Lebenssituation andererseits noch so unklar ist, daß ich eigentlich gar nicht weiß, *was* ich denn tun bzw. auf welche Umstände hin ich handeln soll. Die verschiedenen Aspekte dieser Entwicklung hängen alle miteinander zusammen, und da ich nur über einige von ihnen Macht habe, sehe ich keinen Weg, die nächsten Monate sinnvoll und zielgerichtet zu planen und entsprechend zu handeln. Ich bin darauf angewiesen, von einem Tag auf den anderen zu leben und meine Entscheidungen ständig anzupassen. Ich vermisse die Sicherheit eines überschaubaren Lebensverlaufs. Andererseits zeigt sich bereits jetzt, daß die Gesamtentwicklung, wie auch immer sie im einzelnen verlaufen wird, viele positive Aspekte in mein Leben bringen wird. Die bis dahin bestehende Unsicherheit, Unklarheit und Unplanbarkeit meines Lebens strengt mich allerdings sehr an; das Gefühl "in der Luft zu hängen" macht mir Angst vor dem Absturz.

Die Assoziationsliste:

Sturm, die Tarotkarte "Der Turm", Wechsel, Wirbel, Rennen, Nebel, Spinnennetz, das Netz des Wyrd, Fluß mit Stromschnellen, Tänzerin, Irrgarten, Lich-

tung, Sicherheitsnetz (wie unter den Trapezartisten), Steg, Saft, Mutter, Wurzeln, Erde, Kraft

Bei der näheren Betrachtung dieser Liste erkannte ich bald, daß die unbewußten Anteile meiner Persönlichkeit nicht nur bestens über die Situation informiert waren (Sturm, "Der Turm", Wirbel, Nebel, Stromschnellen, Irrgarten und andere), sondern darüber hinaus auch wußten, was ich zur Bewältigung der Situation brauchte. Da war das Netz des Wyrd, was mich versicherte, daß alles noch immer dem "roten Faden" folgte; die Waldlichtung, die eine Ruhepause nahelegte; das Artistennetz, welches meinen Wunsch nach Sicherheit in diesem Balanceakt symbolisierte oder der Steg, der sicher über tosendes Wasser führt; aber auch den Bedarf an mehr Energie und Kraft zur Umsetzung dessen, was getan werden mußte sowie über die Symbole Mutter, Wurzeln und Erde die deutliche Aufforderung zur Rückverbindung mit meinem wahren Kern und zur Selbstfürsorge. Die Tänzerin wies darüber hinaus auf die notwendige Fähigkeit zur geschickten und flexiblen Anpassung an die sich stetig verändernde Situation hin. Ich fügte also meinem Altar ein Paar Ballettschuhe, einen Stein von einer schönen Waldlichtung, ein kleines, aber äußerst stabiles Haarnetz sowie einen Zweig und etwas Wurzelrinde von der alten Weide in unserem Garten hinzu und harrte der Dinge, die da kommen würden. Und plötzlich erhielt ich Hilfe von allen Seiten. Freunde wie auch Familienmitglieder boten nicht nur ihre tatkräftige, sondern auch finanzielle Unterstützung an, und ich war erstmals flexibel genug, um über meinen Schatten zu springen und diese anzunehmen. Ich begann, meine Beziehungen zur engen Familie auf einen neuen Stand zu bringen, der es uns allen erlaubte, uns noch mehr gegenseitig zu unterstützen und unser Haus zu einem Ort der Rast und Regeneration zu machen. Ja, ich hatte sogar den Mut, Hilfe in Form eines milden Antidepressivums anzunehmen, das mir in den folgenden Wochen zum inneren Sicherheitsnetz wurde, weil ich spürte, daß ich mich wieder auf mich selbst und meine Fähigkeit zu effektivem Handeln verlassen konnte.

Während ich dies schreibe, ist die von mir hier als Beispiel angeführte Entwicklung noch längst nicht wieder zur Ruhe gekommen, aber ich habe jetzt das sichere Gefühl *und* innere Wissen, daß ich über alles verfüge, was ich brauche und können muß, um die Situation zu einer befriedigenden Lösung zu führen – und zwar völlig unabhängig davon, welche Ereignisse mir auf dem Weg dahin noch begegnen werden. Ich weiß, ich kann und werde es bewältigen.

Die Macht eines gut gewählten Symbols auf einem beständig genutzten und energetisierten Altar ist nicht zu unterschätzen und stellt für mich eine der höchsten Formen der Magie dar. Dennoch brauchen Sie nicht zu fürchten, Sie könnten mit unglücklich gewählten Symbolen ein magisches Chaos in Ihrem Leben anrichten. Diese Magie wirkt nur, wenn sie auf die beschriebene Weise zur Anwendung kommt, also im Zuge einer tiefen Auseinandersetzung mit sich selbst, und dabei finden Sie mit zielstrebiger Sicherheit und von Ihren unbewußten Seelenanteilen tatkräftig unterstützt auf jeden Fall die geeigneten Gegenstände. Wenn die Magie eines Symbols nicht mit den augenblicklichen Notwendigkeiten Ihrer Persönlichkeit zusammenpaßt, wird seine Wirkung vom Unbewußten einfach abgeschmettert, denn schlußendlich ist es diese Instanz, welche den Zauber wirkt, und nicht der Ballettschuh auf dem Altar. Letzterer ist in diesem Fall ein wirksames Hilfsmittel – nicht mehr, aber auch nicht weniger. Es ist nicht die Maurerkelle, die ein Haus baut, sondern der Mensch, der diese Kelle führt – aber stellen Sie sich mal vor, wie mühselig das Ganze mit bloßen Händen wäre!

die VIER
elemente

Die Grundlagen des Lebens

Es wird oft betont, daß die esoterischen Elemente der Alchemie – Erde, Feuer, Wasser und Luft – nichts mit jenen Elementen gemeinsam haben, die wir heute auf der Tafel des periodischen Systems finden. Das ist jedoch nicht ganz richtig, denn die alten vier Elemente sind (wie auch die Alchemie) die Vorläufer unserer modernen Chemie und damit des genannten Periodensystems. Bis ins späte Mittelalter hinein waren Alchemisten der Ansicht, daß sich die Welt aus diesen vier Grundbausteinen aufbaute, und ihre Arbeit damit hat die Basis für unsere modernen Erkenntnisse geschaffen. Alleine daraus läßt sich die Grundlagenbedeutung der vier Elemente ersehen, denn nicht nur die wissenschaftliche Chemie, sondern auch unser ganzes Lebensgefüge gründet sich auf diese vier Säulen.

So falsch lagen die alten Alchemisten außerdem gar nicht, sie bedienten sich zur Erforschung der Welt nur einer heutzutage unter Wissenschaftlern nicht gerade gern gesehenen Methode: Sie nutzten zur Erkenntnisgewinnung sowohl wissenschaftliche als auch spirituelle Mittel. Für den typischen Forscher des Mittelalters war das eine noch untrennbar mit dem anderen verbunden, da ihn doch jede weitere Erkenntnis aufs Neue mit dem Wunder einer unglaublich komplexen und dennoch – oder gerade deshalb – funktionsfähigen Schöpfung konfrontierte. Interessanterweise benutzt die modernen Wissenschaft das Vorhandensein genau derselben Phänomene und Gesetzmäßigkeiten dazu, Gott von ihrem Weltbild deutlich zu distanzieren – was beweist, daß es sich nur um eine Ansichtssache handelt. Im Moment ist in wissenschaftlichen Kreisen eben eine gewisse "Coolness" in, die ja auch ihre Vorteile hat.

Für einen mittelalterlichen Alchemisten jedoch wäre eine solche Betrachtungsweise der Welt undenkbar gewesen, und deshalb wendete er bei seiner Arbeit gleichermaßen logisch-systematische wie auch mystische Hilfsmittel an. So wurden die Ergebnisse von Experimenten nicht nur analysiert, sondern auch vor ihrem philosophischen Hintergrund betrachtet oder sogar meditativ erfahren, womit auch die Lehre von den vier Elementen wiederum Bestätigung fand. Ich sage "wiederum", weil dieses Wissen weitaus älter ist als die Alchemie. Bereits die antiken vorchristlichen Kulturen Europas und auch vieler anderer Regionen dieser Welt stützen ihre Lebensanschauungen auf ein System ausgeklügelter Interaktionen feinstofflicher Elemente, wobei die Zahl derselben von Kultur zu Kultur schwankte. Man war (und ist) sich jedoch darin einig, daß diese Elemente oder Qualitäten (was in Abgrenzung zum periodischen System vielleicht der bessere Ausdruck ist) unser aller Leben auf einer alles durchdringenden, feinstofflichen Ebene darstellen, formen und beeinflussen.

Wenn wir die Elemente als Qualitäten definieren, überwinden wir zudem mit Leichtigkeit den scheinbaren Widerspruch zwischen Alchemie und moderner Wissenschaft. Die Alchemisten hatten nicht "unrecht", sondern sie meinten schlichtweg etwas ganz anderes, und zwar etwas, daß die heutige Chemie nicht mehr in ihre Betrachtungen miteinbezieht. Ebenso erklärt sich daraus, warum nicht nur Gegenstände oder Personen diese Elemente enthalten können, sondern auch nichtfaßbare Vorgänge, Situationen und Ereignisse. Wir haben es hier nicht mit einem Baustein der Materie zu tun, sondern mit Seinsqualitäten oder auch Zuständen. Wie schon erwähnt, gibt es bezüglich der Anzahl und Zuordnung dieser Qualtiäten viele verschiedene Systeme, was daran liegt, daß diese Denkweisen den naturreligiösen Traditionen entstammen und damit an die jeweilige natürliche Umgebung sowie den Menschenkreis, auf die bzw. den sie Anwendung finden, zugeschnitten sind. Oder, um es einfacher auszudrücken: Wenn Sie jeden Morgen nach dem Aufwachen als erstes das Meer durch das Nordfenster Ihres Hauses sehen, ist es kein Wunder, wenn sich dessen Qualität für Sie im Norden manifestiert – und wenn andere es hundertmal im Westen ansiedeln. Das von mir im folgenden wiedergegebene Zuordnungssystem entstammt der Wicca-Tradition (in der Tabelle habe ich auch die Entsprechungen des Medizinrades angeführt) und ist in Westeuropa sowie im modernen Nordamerika am weitesten verbreitet, dennoch stellt es kein Dogma dar. Bauen Sie es also einfach um, falls es Ihre Bedürfnisse nicht befriedigt oder Ihren Wahrnehmungen nicht entspricht. Wichtig ist nicht die Lehrmeinung, sondern nur die Funktionalität, und wenn Sie eine Weile mit den Elementen arbeiten, werden Sie bald herausfinden, was sich für Sie "richtig" anfühlt. Ab diesem Zeitpunkt können Sie die Bücher sowieso vergessen, weil Sie dann im Universum selbst zu lesen imstande sind und Ihnen die Literatur nur in seltenen Fällen noch etwas beibringen kann. Wenden wir uns aber bis dahin noch einmal dem augenblicklich in der westlichen Welt wahrscheinlich am weitesten verbreiteten System zu.

Luft

Sie wachen heute recht früh auf; die Sonne ist gerade dabei, den Horizont zu erklimmen. Zur Hälfte steht sie schon über dem Bergkamm und läßt dessen eigentlich breiten Rücken für einige Minuten wie den scharfen Grat eines gutgeschliffenen Messers erscheinen. Sie stehen auf und öffnen das Fenster, durch das Ihnen eine leichte, kühle Brise entgegenweht, die sich verspielt um Ihr Haar kringelt und Ihren Geist hellwach sowie glasklar macht. Die hellen Stimmen der Morgenvögel klingen zu Ihnen herüber. Sie atmen die fast schon unerträglich reine Luft tief ein und wenden Ihre Gedanken dem vor Ihnen liegenden Tag zu.

Im rosafarbenen Licht des Sonnenaufgangs beginnen Sie unter dem eisblauen und mit zarten weißen Wolkenfäden überzogenen Himmel, den vor Ihnen liegenden Tag zu planen und zu strukturieren. Sie entscheiden, was heute unbedingt getan werden muß und was auch bis morgen warten kann und überlegen, was Sie zur Erledigung Ihrer Vorhaben benötigen werden. Nachdem Sie sich einen ungefähren Überblick über die anstehenden Aufgaben verschafft haben, schließen Sie noch einmal die Augen und wenden Ihr Gesicht der in der kühlen Morgenluft sanft wärmenden Sonne zu. Ein Gefühl der Vorfreude durchströmt Sie; es ist ein guter Tag, der da beginnt.

Feuer

Mittlerweile steht die Sonne hoch am Himmel, und Sie fangen langsam an zu schwitzen, während Sie beim Mittagessen eine wohlverdiente Ruhepause einlegen. Während des Vormittags haben Sie alle Voraussetzungen für die Erledigung der Aufgaben geschaffen, die Sie sich am Morgen vorgenommen hatten. Sie sind vielleicht wütend, weil man Sie dabei nicht genügend unterstützt hat und Ihnen nun einige Elemente fehlen; doch während Sie über Ihrem Essen sitzen, kommt Ihnen blitzartig die Idee, wie Sie das ausgleichen können. Plötzlich geht Ihnen "ein Licht auf", und Begeisterung durchflutet Sie – die Idee ist gut! Sie stellen Ihren

morgendlichen Plan entsprechend um und verbinden Ihre Aufgaben mit den vorhandenen Umsetzungsmöglichkeiten zu einem neuen Vorhaben, das ein noch besseres Ergebnis bringen wird.

Wasser

Am späten Nachmittag schließlich sehen Sie die ersten, noch rohen und unfertigen Resultate Ihrer bisherigen Arbeit vor sich. Plötzlich läßt Sie etwas innehalten. Sie lehnen sich zurück und betrachten gedankenversunken im warmen Licht der untergehenden Sonne ihre bisherigen Ergebnisse, die Ihnen mit einem Mal unzureichend erscheinen. Doch aus irgend einem Grund fällt es Ihnen schwer, genau zu sagen, was hier nicht stimmt; Sie spüren nur auf eine diffuse, unterschwellige Weise, daß die einzelnen Bausteine irgendwie nicht ineinandergreifen und kein reibungsloses Ergebnis produzieren werden. Das frustriert Sie, und nach

einem Blick auf die Uhr empfinden Sie vielleicht auch ein wenig Angst, mit dem Projekt nicht rechtzeitig fertig zu werden. Sie seufzen und greifen nach dem mit Wasser gefüllten Glas, das auf Ihrem Tisch steht. Die kühle, reine Flüssigkeit tut gut und rinnt mit beinahe zärtlicher Geschmeidigkeit Ihre ausgedörrte Kehle hinab. Während Sie mit abwesendem Blick auf die blinkende und spiegelnde Wasseroberfläche schauen, formt sich vor Ihrem inneren Auge plötzlich ein Bild; erst unscharf und kaum erkennbar, doch von Sekunde zu Sekunde genauer und detaillierter. Erstaunt bemerken Sie, daß Sie nicht nur das Problem, sondern auch seine mögliche Lösung in allen Einzelheiten vor sich sehen. Wo, bitte, ist *das* denn jetzt hergekommen? Ach, unwichtig – Ihre Begeisterung ist wieder da, und Sie beginnen mit Elan, Ihre Ideen den neuen Erkenntnissen anzupassen. Jetzt geht Ihnen die Arbeit wieder fließend von der Hand, es "flutscht" so richtig!

Erde

Am späten Abend schließlich betrachten Sie zufrieden die Resultate dieses Tages. Sie haben die letzten Stunden damit verbracht, die ersten, rohen Ergebnisse in eine stabile, funktionierende und gut ausgearbeitete Form zu bringen – Ihr Projekt hat Gestalt angenommen. Schon vor Stunden haben Ihre Kollegen das Haus verlassen, doch Sie konnten sich einfach nicht zum Gehen aufraffen – zu nah war die baldige Vollendung Ihrer Aufgabe! Jetzt treten Sie zufrieden einen Schritt zurück und betrachten Ihre fertige Schöpfung. Jawohl, das ist es. Auf diese Weise wird es funktionieren, das hat eine Basis, einen guten Boden. Sie greifen nach Ihrer Jacke und begeben sich hinaus in die milde Sommernacht, deren Sterne fröhlich über Ihnen funkeln und Ihnen tausend Geheimnisse zuzuflüstern scheinen. Kurz vor Ihrer Haustür bemerken Sie einen kleinen Stein, der von einer Vielzahl von Quarzäderchen durchzogen sanft im Licht des Mondes schimmert. Vergnügt stellen Sie fest, daß dieser Stein ein wenig wie die Arbeit ist, die Sie heute geleistet haben: Auch in ihm sind viele Linien, Wege und Notwendigkeiten zu einem festen und komplexen Ganzen zusammengefaßt.

Meiner Erfahrung nach ist es sehr schwierig, die Qualtiäten der vier Elemente sowie deren Wirkung in unserem täglichen Leben auf dem Wege des rein theoretischen Studiums zu erfassen. Deshalb möchte ich Ihnen auch gar nicht mehr viel darüber erzählen, sondern lieber noch ein paar Stichworte liefern, die Ihnen hel-

fen können, die Elemente selbst zu erkennen und bewußt zu erleben (in meinem Buch *Der alte Pfad – Wege zur Natur in uns selbst* finden Sie bei Interesse weitergehende Anregungen zu diesem Thema). In manchen Situationen werden Sie ein eindeutiges Übergewicht zugunsten einer dieser Qualtitäten erleben; in anderen wiederum werden Sie Ihnen recht ausgeglichen erscheinen. Immer jedoch sind sie in unterschiedlichem Verhältnis miteinander vermischt, weil erst ihre Interaktion untereinander das Leben selbst hervorbringt. Und bedenken Sie auch, daß die von mir hier wiedergegebenen Analogien nur einen kleinen Teil des möglichen Spektrums darstellen.

Der mächtige Stein gibt Halt und sichert die Rückbindung, wenn wir uns zu anderen Ebenen des Lebens aufmachen.

Luft

	Wicca	Medizinrad
Erscheinungsformen:	Flaute, sanfte Brise, steter Wind, Böe, Sturm, verspielter Luftzug, schneidender Wind, warme Sommerluft, stinkendes Industrieabgas, schützende Erdatmosphäre etc.	
Stichworte:	Osten, Hoffnungen, Wünsche, Bildung, Kommunikation, Denken, Planen, Wissenschaft, Verstand, der Morgen, Sonnenaufgang, Elektrizität, Überblick, Neubeginn, Dolch und Schwert	Norden, Philosophie, Geist, Koordination, Absicht, Glaubenssysteme, Wissen, männliche Schöpferkraft, Instinkt
Instrumente:	alle Blasinstrumente,	Flöte Windspiel und Orgel
Tiere:	flugfähige Vögel,	Säugetiere Insekten, Spinnen
Pflanzen:	Espe, Zitrone, Löwenzahn (als Pusteblume), Haselnuß, Lavendel, Eisenkraut, Ahorn, Mistel, Petersilie, Sternanis, Minze, Salbei, Kiefer	Blumen und Früchte
Kristalle:	Bergkristall, heller Saphir, Amethyst, Beryll	Edel- und Halbedelsteine
ätherische Öle:	Bergamotte, Anis, Zitrone, Lavendel, Pfefferminze, Myrte, Salbei, Eukalyptus, Cajeput,Kiefernnadel, Lorbeer, Olibanum, Majoran	
Tierkreiszeichen:	Zwillinge, Waage, Wassermann	

Feuer

	Wicca	Medizinrad
Erscheinungsformen:	Glut, Flamme, Kerzenlicht, Funke, Lagerfeuer, Flächenbrand, Feuersbrunst, Vulkanausbruch etc.	
Stichworte:	Süden, Transformation, Schöpfung, Kreativität, Aggression, Krieg, Blut, Sexualität, der Mittag, die Mittagssonne, Triebe, Leidenschaft, Kunst, Phönix, Stab und Kessel	Osten, Vision, Phantasie, Geschwindigkeit, Sonne, Sterne, Seelenkraft, Spiritualität
Instrumente:	Leier, Fanfare, Kriegsharfe, metallbespannte Saiteninstrumente, Trommel	Muschelhorn
Tiere:	Löwe, Feuersalamander, Widder, Raubtiere (Säuger)	Vögel
Pflanzen:	Ingwer, Pfeffer, Lauch, Sonnenblume, Zwiebel, Paprika, Brennessel, Eiche, Kaktus, Kastanie, Dill, Flachs, Weißdorn, Rosmarin, Enzian, Stechpalme, Eberesche (Vogelbeere)	Bäume
Kristalle:	Rubin, Diamant, Granat, Feueropal	Bergkristall
ätherische Öle:	Zeder, Zimt, Weihrauch, Orange, Rose, Nelke, Ingwer, Pinie, Sassafras	
Tierkreiszeichen:	Widder, Löwe, Schütze	

Wasser

	Wicca	Medizinrad
Erscheinungsformen:	Quelle, Rinnsal, Bach, Fluß, Strom, Wasserfall, See, Teich, Pfütze, Meer, Regen, Hagel, Schnee, Eis, Dampf etc.	
Stichworte:	Westen, Gefühle, Intuition, Weisheit, die Gezeiten, Urwissen, Hingabe, Flexibilität, Mond, Liebe, Ausgleich, Dreizack, der Abend, Sonnenuntergang, Fruchtbarkeit, Mondgöttin, Kelch und Kessel	Süden, Mythologie, Unterhaltung, Unschuld, Vertrauen, Emotionen, Harmonie
Instrumente:	Harfe, Wasserorgel, Regenhölzer, Cello, Bratsche	Rassel
Tiere:	alle Wassertiere, vor allem Delphin, Wasserschildkröte, Fisch, Qualle, Muschel	Fische
Pflanzen:	Aloe, Apfelbaum, Birke, Kohl, Krokus, Holunder, Ulme, Weintraube, Passionsblume, Pfirsich, Pflaume, Erdbeere, Tomate, Weide, Geißblatt, Eibe	Gräser, Getreide
Kristalle:	Koralle, Perle, Perlmutt, Opal, Mondstein, Smaragd, Aquamarin, Achat	Felsen, Steine
ätherische Öle:	Veilchen, Kampfer, Kamille, Iris, Jasmin, Flieder, Lilie, Lotus, Mimose, Rose, Vanille	
Sternzeichen:	Krebs, Skorpion, Fische	

Erde

	Wicca	Medizinrad
Erscheinungsformen:	Erdkrume, Lehm, Stein, Sand, Kiesel, Hügel, Berg, Wiese, Wald, Gebirge, Fels, Höhle, Kristall etc.	
Stichworte:	Norden, Erde, Planet, Mutter, Getreide, Beständigkeit, Nahrung, Realität, Umsetzung, Form, Wachstum, Urwissen, Weisheit, Aufbau und Niedergang,Tod, Frucht, Saat, Ernte, Sichel	Westen, Kraft, Stärke, Tagtraum, Innenschau, Wandlung, Weib lichkeit, Tod
Instrumente:	Trommel, Pauke, Kontrabaß, Cello	Trommel
Tiere:	alle schweren, gemächlichen Landtiere, die keine Räuber sind wie Stier, Kuh, Büffel, Elefant	Amphibien
Pflanzen:	Getreide, Zypresse, Geißblatt, Magnolie, Kartoffel, Pfingstrose, Rübe, Eiche, Buche, Farnkraut, Ahorn, Eisenkraut	Kräuter, Büsche
Kristalle:	Onyx, Gagat, schwarze Koralle, Rauchquarz, Iaspis, Landschaftsachat	Felsen, Steine
ätherische Öle:	Zypresse, Geißblatt, Patchouli, Vetiver, Nelke, Weihrauch, Fichtennadel	
Tierkreiszeichen:	Stier, Jungfrau, Steinbock	

Die Elemente auf dem Altar

Da die Qualitäten der Elemente unser Leben von seinen Grundlagen bis in jedes kleinste Detail hinein prägen, beschließen viele Menschen, sie auch auf ihrem Hausaltar darzustellen. Dafür gibt es traditionell bestimmte Gegenstände, die sich aus diesem Grund auf jedem naturreligiösen Altar wiederfinden. Dies sind Dolch, Kerze, Kelch und Stein. Der Dolch (ein Messer mit beidseitig geschliffener Klinge, aber ein normales Küchenmesser tut es notfalls auch) repräsentiert das Element Luft mit seinen schneidenden, sezierenden, metallischen und analytischen Qualitäten. Wann immer eine Sache von Grund auf "auseinandergenommen" werden muß, um von allen Seiten betrachtet und in ihrer Ganzheit erfaßt werden zu können, kommt der Dolch zum Zuge. Auch wenn dem Neuanfang noch etwas im Wege steht, das beendet – abgetrennt – werden muß, leistet er gute Dienste. Neben dem Dolch symbolisieren auch das Schwert, Räuchergefäße

Hier sind die Bereiche Erde und Luft gut zu erkennen. Dolch, Federn, Amethyst und die kleine Räucherschale befinden sich im Osten, während darunter im Norden des Altars ein Schädel sowie die in der Erde ruhenden Kornähren zu sehen sind.

Auf diesem Altar befinden sich Feuer und Wasser ganz nah beieinander; der Kelch berührt den Stab. Vogelschwinge und Sichel lassen Luft und Erde wiederkehren.

oder (als Alternative im Falle einer Rauchunverträglichkeit) Aromalampen das Element Luft.

Für das Element Feuer stehen immer Kerzen, da ihre Flammen diese Qualität nicht etwa symbolisieren, sondern schlichtweg *sind*. Sie werden dann gezielt eingesetzt, wenn eine tiefe Veränderung ansteht, man Inspirationen braucht oder einen schöpferischen Akt beginnt. Darüber hinaus stehen sie für die Kraft des Fortschreitens und der Aggression (merke: Wut ist keineswegs immer negativ, sondern hat auch sehr heilsame und anregende Aspekte!). Wann immer etwas innerlich "ausgekocht" werden soll, bietet sich die Kraft des Feuers unmittelbar an. Desweiteren findet sich die Symbolik des Feuers auch im Räuchergefäß (die Kohle) und in der Aromalampe (das Teelicht). Traditionell steht der Stab für dieses Element, und auch der in Verwendung befindliche Kessel, in dem es kocht, brodelt und sich die Materie transformiert, ist hier zu nennen.

Der Kelch wiederum nimmt Flüssigkeiten auf, was ihn zum idealen Behältnis und Symbol für die emotionalen und intuitiven Seiten unseres Lebens macht. Darüber hinaus steht er für den heiligen Gral, also für die Suche nach der tiefsten inneren Urweisheit. Bei emotional anstrengenden oder unklaren Situationen, aber auch, wenn es um Liebe und Intuition geht, kommt er gerne zum Einsatz. Neben dem Kelch dienen auch Schale und Kessel diesem Zweck.

Der Stein ist schließlich die Personifikation der Erde selbst. Als Symbol für Beständigkeit und Festigkeit hilft er dabei, Ihre Träume und Wünsche Realität werden zu lassen. Wann immer Sie Schwierigkeiten bei der Umsetzung Ihrer Ziele haben, kann der Stein wertvolle Unterstützung bieten, und auch Steinsalz hat neben der reinigenden eine erdende Funktion. Viele naturmagische Traditionen verwenden statt des Steins ein sogenanntes Pentakel – ein in eine Scheibe geritztes oder darauf gezeichnetes Pentagramm – was mir persönlich jedoch zu konstruiert ist. Räucherung, Kerze und Wassergefäß bieten mir alle eine direkte physische Begegnung mit dem jeweiligen Element; warum also sollte ich gerade bei der für viele von uns so wichtigen Qualität der Erde darauf verzichten?

Manche der hier genannten Gegenstände tauchen in mehr als nur einer Kategorie auf. Das Leben hält sich nun einmal nicht an die Schubladen, die wir mit so viel Mühe für es bauen; es paßt einfach nicht hinein, und wenn doch, verändert es sich wieder, ehe man sich auch nur einmal herumgedreht hat. Dinge wie das Räuchergefäß oder der Kessel stellen deutliche Verbindungen zwischen verschiedenen Elementen her und verweisen damit auf die schon erwähnte Interaktion dieser Qualtiäten miteinander. Da viele Menschen diese Gegenstände auf ihrem Altar den jeweils zugeordneten Himmelsrichtungen entsprechend anordnen, finde ich es immer wieder spannend zu sehen, wer welcher Qualität den Vorzug gibt oder sie einfach im Augenblick stärker empfindet. Um die Verwirrung komplett zu machen: Bei mir steht der Kessel oft in keinem der "vier Winkel", sondern außerhalb oder im Zentrum dieser Anordnung, da er für mich das "fünfte Element" repräsentiert, also die Ganzheit, welche aus dem Zusammenwirken der ersten vier Grundqualitäten entsteht.

So, nun haben Sie also einen Altar, auf dem schon einmal mindestens vier Dinge stehen. Das ist Ihnen zu leer und unpersönlich? Da dürften Sie recht haben. Dolch, Stein, Kelch und Kerze verfügen über archetypische Bedeutungen, die Sie keineswegs für sich alleine gepachtet haben. Wie aber wird das Ganze nun zu *Ihrem* persönlichen heiligen Winkel?

Dazu kann ich Ihnen nicht mehr viel sagen, denn von jetzt an sind Sie gefragt. Es gibt eine Unzahl an Gegenständen, die sich für eine Verwendung im Rahmen ihres Altars eignen – Darstellungen von Gottheiten, Tieren oder Pflanzen, Steine, Kristalle, Zweige, Blätter, Blumen, Fotos, Schmuckstücke, hübsche Gefäße, Federn, Muschelschalen, Geweihteile, Zeichnungen, Tierschädel, Kränze, Gebrauchsgegenstände, Topfpflanzen, Musikinstrumente und so fort. Was genau Sie auf Ihren Altar legen könnten, erfahren Sie, indem Sie sich von Ihrer Seele leiten lassen. Die weiß nämlich ganz genau, was sie auf dem hübschen kleinen Tischchen in der Ecke haben will und ist schon sehr begierig darauf, Sie genau dorthin zu führen, wo Sie es finden!

Ein Speisezimmeraltar

rituelle

altargestaltung

Der allmähliche Weg

Rituale dienen dazu, eine bestimmte Absicht, ein Anliegen tief in das Gewebe der Welt einzuprägen, damit diese sich entsprechend gestaltet. Nun gehen aber die Ansichten darüber, was genau ein Ritual denn eigentlich ist, weit auseinander. Während die Psychologie hier von nicht oder nur wenig veränderten Abläufen ausgeht, die sich regelmäßig in bestimmten Situationen wiederholen (wie zum Beispiel das Entzünden einer Zigarette nach dem Essen), sieht ein Magier bei der Erwähnung dieses Begriffs viele verschiedene Vorgänge wie das Ziehen eines Kreises, dessen Beschriftung mit Symbolen, das Entzünden von Kerzen, die Anrufung geistiger Wesen und – ja, auch das Erstellen eines Altars vor sich. So kompliziert brauchen wir es aber nicht zu halten. Wenn ich den Beginn dieses Absatzes noch einmal ins Gedächtnis rufen darf: Es geht darum, der Welt etwas *einzuprägen*, also eine bedeutungsvolle Handlung vorzunehmen. Was aber unterscheidet den Augenblick, in dem Sie die Schale Ihrer Großmutter auf den Altar stellen von jenen vielen Malen, an denen Sie mit ähnlichem Geschirr mal eben den Eßtisch decken? Eigentlich ist die Antwort darauf ganz einfach: Es ist der Grad an Bewußtheit, mit dem Sie die jeweilige Handlung vollziehen. Ein Ritual besteht aus einer Reihe von Aktionen, die sämtlich mit großer Aufmerksamkeit und dem Bestreben nach umfassender Wahrnehmung des Geschehens ausgeführt werden. Wenn Sie den Tisch decken, können Sie gleichzeitig den weiteren Verlauf des Tages planen und zum Beispiel entscheiden, wer das ganze Geschirr nachher abspült, ohne das Ergebnis Ihres Tuns damit wesentlich zu beeinträchtigen. Bei einem Ritual jedoch gilt Ihre ganze Aufmerksamkeit und auch Ihre innere Empfindungsfähigkeit einzig dem Handlungsablauf. Das läßt sich an besagter Zigarette nach dem Essen gut nachvollziehen: Nachdem diese entzündet ist, lehnt sich der rauchende Mensch oft entspannt zurück, nimmt einen tiefen Zug und richtet seine ganze Aufmerksamkeit auf den Moment dieses Erlebens, der von ihm als wohltuend und genußvoll wahrgenommen wird. Ähnliches erreichen viele Nichtraucher zum Beispiel mit der obligatorischen Tasse Kaffee nach dem Dinner (was, Sie genehmigen sich beides? Sie Genußmensch, Sie!).

Aus diesem Grund werden Rituale von außenstehenden Beobachtern auch so gerne mißverstanden. Konzentration erfordert ein gewisses Maß an Stille und Verinnerlichung, weshalb die Ritualteilnehmer auf andere oft einen übertrieben ruhigen und würdevollen, wenn nicht sogar bedeutungsschweren Eindruck machen. Dabei konzentrieren sie sich nur, der Rest ist ein Nebeneffekt. Leider wird dieser Zusammenhang von manchen Menschen nicht erkannt, die dann ihrerseits versuchen, in eigenen Ritualen vor allem diesen seltsamen Ausdruck wiederzugeben, was *dann* in der Tat recht komisch wirkt. Haben Sie schon einmal jemanden erstaunt gefragt, warum er denn so "böse guckt" und als Antwort erhalten "Ich konzentriere mich nur"? Dann dürfte es Ihnen leicht fallen, diesen Zusammenhang zu verstehen.

In diesem Sinne kann ein Ritual durchaus eine sehr schlichte Angelegenheit sein; wichtig ist nur, daß sie regelmäßig zu einem bestimmten Anlaß nach immer derselben Form durchgeführt wird. Natürlich können Sie Ihre Rituale auch verändern, was Sie vor allem dann tun sollten, wenn sich die von Ihnen gewählte Form als unbefriedigend herausstellt; aber seien Sie sich immer im Klaren darüber, was eine solche Handlung im Augenblick für Sie ausmacht, und stellen Sie zuvor immer diese konzentrierte Verbindung mit Ihrem Selbst her. Später, wenn Sie mehr Erfahrung mit Ritualen haben, werden Sie feststellen, daß diese durchaus auch laut und lebendig sein können, ohne daß Ihnen deshalb gleich der "innere Faden" reißt, aber um ein Gefühl für diesen entwickeln zu können ist es zu Anfang sicher sinnvoll, in aller Ruhe und mit innerer Einkehr zu beginnen.

Der allmähliche Weg zur Gestaltung eines Altars kann eine gute Gelegenheit sein, sich mit der Energie und Atmosphäre kleiner ritueller Handlungen vertraut zu machen. Suchen Sie sich ein schönes Tuch, das Sie am gewählten Ort auflegen, oder polieren Sie liebevoll dessen Oberfläche, falls Sie ein hübsches Holztischchen oder ähnliche Dinge nicht bedecken wollen. Konzentrieren Sie sich dabei voll und ganz auf das, was Sie gerade tun und versuchen Sie, Ihre Handlungen nicht nur zu beobachten, sondern auch die Gefühle wahrzunehmen, die Sie dabei haben – das bedeutet es nämlich, zu seinem Inneren Kontakt aufzunehmen. Spüren Sie sich selbst? Wie fühlen Sie sich in Ihrem Körper gerade? Können Sie den Boden unter Ihren Füßen wahrnehmen? Ist das ein angenehmes oder ein unangenehmes Gefühl? Wie fühlt sich Ihr Atem an? Welche Beziehung haben Sie zu Ihren Händen, die da gerade mit der Schaffung Ihres persönlichen kleinen Hausheiligtums begonnen haben? Können Sie diesen Händen dankbare, vielleicht sogar liebevolle Gefühle entgegenbringen? Das, was Sie da gerade wahrnehmen, sind *Sie*. Kein anderer Mensch auf der Welt ist so, und was auch immer Sie gerade erleben, ist in Ordnung.

Mittlerweile haben Sie wahrscheinlich die konzentrierte und verinnerlichte Haltung erreicht, von der ich eben sprach, und mit jedem Mal wird es Ihnen leichter und schneller gelingen, in diesen Zustand einzutreten. Bald wird es genügen, wenn Sie einige Male tief und entspannt ein- und wieder ausatmen und sich dabei liebevoll zulächeln, um bereit zu sein. Treten Sie nun einen Schritt von Ihrem zukünftigen Hausaltar zurück und betrachten Sie ihn. Er ist leer, aber irgendwie von einer erwartungsvollen Atmosphäre umgeben – bereit, seine Aufgabe für Sie zu erfüllen.

Wann immer Sie nun einen Gegenstand auf diesen Altar stellen möchten, bringen Sie sich einfach kurz in den beschriebenen Zustand. Damit machen Sie deutlich, daß es sich hierbei um eine Handlung handelt, die Ihr Alltagserleben umfaßt, aber gleichzeitig darüber hinaus geht. Eben etwas, das *Bedeutung* hat und deshalb genau und mit Aufmerksamkeit ausgeführt werden will. Auf diese Weise wird sich die Leere auf dem Altar langsam mit Gegenständen füllen, während der Altar selbst mehr und mehr an Kraft gewinnt. Ähnlich verhalten Sie sich, wenn Sie Dinge entfernen wollen. Es ist vollkommen egal, was Sie an Ihrem Altar tun – ob Sie nun daran zaubern, meditieren oder ihn einfach nur säubern wollen, jede damit in Verbindung stehende Handlung sollte möglichst in Verbindung zu Ihnen selbst stehen. Sie haben doch bestimmt schon einmal gehört, daß manche Menschen alten Häusern eine Art Geist zugestehen, als wenn sie lebendige und bewußte Wesen wären. Nun, zu einem solchen Wesen kann auch Ihr Altar werden – ein Geist, der Ihnen mit stetig liebevollem Verständnis zugeneigt ist, wenn Sie ihn nicht vernachlässigen. Altäre, die "allein gelassen" werden, sterben energetisch ziemlich schnell ab, und das sogar dann, wenn man sie regelmäßig abstaubt!

Die "Einstandsfeier"

Vielleicht ziehen Sie es auch vor, zunächst eine Reihe von Dingen für Ihren Altar zu sammeln und diesen dann in einem konzentrierten Akt zu gestalten – eine Vorgangsweise, die sich vor allem für Neu- und Umgestaltungen anbietet. Hier läßt sich sehr schön eine richtige "Altarweihe" durchführen. Dies kann auf verschiedene Weise geschehen, und wenn Ihnen mein Vorschlag nicht gefällt, können Sie sich natürlich ein eigenes Ritual dazu schreiben. Ich stelle Ihnen hier meine persönliche Variante vor.

Bereiten Sie den Altar vor, indem Sie ihn reinigen (ja, ich spreche hier von Staubwedel und Wischlappen!) und ein Tuch darauf legen, das nicht nur schön, sondern auch sauber und glatt sein sollte. Nehmen Sie dann all die für Ihren heiligen Winkel bestimmten Gegenstände und stellen Sie diese auf dem Boden davor ab (lassen Sie aber unmittelbar vor dem Altar ein wenig Raum, damit Sie sich später dort bewegen können). Nun entzünden Sie die Räucherung und nehmen das Räuchergefäß in beide Hände. Gehen Sie einmal damit im Uhrzeigersinn um die ganze Anordung herum und sagen Sie dabei: "Ich reinige diesen Ort mit der Kraft der Luft". Dann stellen Sie das Räuchergefäß an der Ostseite des Altars ab und zünden eine Kerze an, mit der Sie ebenfalls einmal im Kreis herumgehen und dazu sagen: "Ich reinige diesen Ort mit der Kraft des Feuers". Die Kerze kommt dann in den Süden des Altars. Entsprechend verfahren Sie mit dem wassergefüllten Kelch für das Wasser bzw. den Westen und mit dem Stein für Erde und Norden. Diese Erklärungen beziehen sich auf die Elemente-Zuordnung

im Wicca-System. Wenn Sie sich aber für die Zuordnung im Sinne des indianischen Medizinrades entscheiden, dann verfahren Sie entsprechend. Nun setzen Sie sich so, daß Sie die gesamte Anordnung inklusive der Gegenstände vor dem Altar im Blick haben. Atmen Sie einige Male tief, aber nicht forciert ein und aus; lassen Sie Ihren Geist ein wenig zur Ruhe kommen. Nun lassen Sie Ihren Blick über die am Boden versammelten Dinge schweifen. Betrachten Sie alles genau und beobachten Sie, welche Gedanken Ihnen dabei durch den Kopf gehen und was sie dabei fühlen. Warum haben Sie die einzelnen Gegenstände gewählt? Mit welchem Ort, welchem Ereignis oder welcher Person stehen diese für Sie in Verbindung? Haben einige der Dinge vielleicht Beziehungen untereinander? Welchen Elementen würden Sie sie zuordnen? Wie fühlt es sich an, diese Sammlung Ihrer Persönlichkeit und der diese prägenden Einflüsse zu betrachten?

Nach dieser kleinen Meditation wird es Zeit, die vor Ihnen am Boden stehenden Teile Ihres Lebens an ihren Platz zu bringen. Nehmen Sie die Gegenstände einzeln sowie nacheinander in beide Hände. Stellen Sie sich jedesmal damit vor den Altar und bestimmen Sie einen Ort dafür. Das muß nicht der endgültige Platz sein; wenn mehr und mehr Gegenstände Ihren heiligen Winkel füllen, stellen sich bald Verbindungen und Beziehungen heraus, die oft nur erfühlbar, aber kaum logisch zu begründen sind. Seien Sie also nicht überrascht, wenn Sie einfach spüren, wo ein Gegenstand "hinwill" und Sie die Anordnung deshalb vielleicht ein wenig verändern müssen. Folgen Sie einfach Ihrer Intuition, schieben Sie Dinge hierhin und dorthin, bis es für Sie "paßt" und fragen Sie nur nicht, warum. Es ist einfach so. Während Sie arbeiten, weben Sie auf diese Weise ein Netz zwischen den verschiedenen Elementen Ihres Lebens – oder erspüren umgekehrt bereits vorhandene Beziehungen und geben diese gestaltend wieder.

Wenn alle Gegenstände untergebracht sind, wird es Zeit, den hier geschaffenen heiligen Raum deutlich abzugrenzen. Zu diesem Zweck nehmen Sie nun den Dolch oder auch den Stab in die rechte (bei Linkshändern die linke) Hand und wenden sich in Richtung Osten. Schließen Sie für einen Moment die Augen und stellen Sie sich vor, wie aus Ihren Füßen Wurzeln wachsen, die langsam, aber unaufhaltsam durch den Boden, durch eventuell unter Ihnen liegenden Stockwerke, durch das Fundament Ihres Hauses bis tief in die Erde hinein vordringen. Weiter und weiter wachsen diese Wurzeln, durch die fruchtbare Krume, durch Sand- und Lehmschichten, vorbei an Kies und Felsgestein, bis sie tief in das Herz der Erde reichen. Halten Sie nun Ihr Werkzeug so, daß seine Spitze auf den Boden weist und stellen Sie sich vor, wie aus dem tiefsten Inneren der Erde ein Strom kraftvoller, warmer und braungoldener Energie in Ihren Wurzeln hinaufsteigt, durch all die Schichten der Erde und auch Ihres Hauses hindurch, bis sie an Ihren Füßen angekommen ist und in Ihren Körper eintritt. Weiter steigt die Energie, sie erfüllt bald Ihren ganzen Leib, der in einem warmen, goldenen Licht zu erstrahlen beginnt, und tritt schließlich am höchsten Punkt Ihres Kopfes aus, um als leuchtende Säule in den Himmel zu steigen. Bald darauf kommt eine zweite Energiesäule aus dem Firmament zurück. Die Farbe dieser Kraft ist blaugolden, und auch sie tritt am Scheitelpunkt Ihres Kopfes in Ihren Körper ein, um durch diesen hinabzufließen und sich auf diese Weise mit der Kraft der Erde zu vereinigen. Schließlich verläßt Sie die Kraft des Firmaments durch Ihre Füße, um sich an den Wurzeln entlang in das Innere der Erde zu ergießen. Stellen Sie sich nun vor, wie Sie mit der Kraft Ihres Willens einen Teil dieser Energie in das Werkzeug in Ihrer Hand lenken, von wo aus es sich in den Boden ergießt. Nun drehen Sie sich langsam in Richtung des Uhrzeigersinns im Kreis und visualisieren dabei, wie die aus dem Dolch oder Stab kommende Energie auf dem Boden einen Kreis hinterläßt, der den gesamten Altarbereich einschließt – und zwar lückenlos, bis Sie wieder an Ihrem Ausgangspunkt angekommen sind.

Damit haben Sie einen heiligen Bezirk geschaffen, der nur noch geweiht werden muß. Jetzt hat es aber nun einmal jede Weihe an sich, daß sie einem bestimmten Wesen oder Zustand gilt – man weiht Dinge *etwas* oder *jemandem* und nicht einfach mal eben so. Setzen Sie sich also vor Ihren Altar und betrachten Sie diesen noch einmal genau. Welchem Zweck dient er? Welche Aspekte oder Elemente treten für Sie besonders hervor? Welche Bedürfnisse soll er für Sie erfüllen? Wenn Sie religiös sind, haben Sie vielleicht sogar einen besonderen Bezug zu einer bestimmten Gottheit, den Sie hier erleben und vertiefen möchten. Es gibt viele Möglichkeiten der Weihe; Sie können Ihren kleinen Tempel einer bestimmten Gottheit oder anderen Wesenheiten widmen, aber Sie können seinen Daseinszweck auch in einem besonderen Zustand sehen, den Sie hier zu erreichen wünschen – Ruhe, Ausgeglichenheit, Frieden oder worin immer Ihr Bedürfnis besteht. Auch eine Tätigkeit kann den Zweck eines Altars definieren, so wie zum Beispiel viele Buddhisten einen der Meditation gewidmeten Ort in ihrem Haus haben.

Wenn Sie herausgefunden haben, wem oder was Ihr heiliger Winkel dienen soll, erheben Sie sich wieder und stellen sich vor den Altar. Rufen Sie nun die Kraft oder den Zustand, dem dieser Ort gewidmet werden soll; bitten Sie um die Anwesenheit jener Gottheit oder Qualität, die Sie hier verehren bzw. erleben möchten. Tun Sie dies mit all Ihrer Sehnsucht danach, dann wird sich die entsprechende Qualität bald einstellen. Um sie willkommen zu heißen, heben sie die Arme mit nach oben gerichteten Handflächen zu beiden Seiten Ihres Körpers auf etwas über Schulterhöhe. Schließen Sie die Augen und visualisieren Sie, wie sich die erwünschte Energie von oben auf Sie herniedersenkt.

Wenn die Kraft Ihre Hände erreicht hat, drehen Sie diese zum Boden und beginnen langsam, Ihre Arme nach unten zu senken. Auf diese Weise führen Sie die Kraft herunter, bis sie schließlich aus Ihren vor dem Körper gesenkten Armen in den Fußboden fließt.

Atmen sie laut und kraftvoll aus und öffnen Sie die Augen. Nach dem nächsten Einatmen sagen Sie mit klarer, kräftiger und bestimmter Stimme: "Ich weihe diesen Ort ... (Name der Gottheit oder Qualität). Gesegnet seien alle Wesenheiten, die sich an diesem heiligen Platz einfinden."

Nun ist die (erste) Gestaltung Ihres persönlichen Heiligtums abgeschlossen. Wahrscheinlich stehen Sie nun zufrieden, aber auch ein wenig ratlos vor dem hübschen Sammelsurium ausdrucksvoll angeordneter Gegenstände, das sich Ihrem Blick gerade darbietet – das ist ja alles schön und gut, aber was macht man nun eigentlich damit? Auf zum nächsten Kapitel!

zum Umgang mit dem Altar

Was tun, sprach Zeus ...

Nun steht er also vor Ihnen, Ihr Altar – hübsch und ansprechend gestaltet; doch wie geht es nun weiter? Vor dieser Frage scheinen viele Menschen zu stehen, die zwar viel Freude beim Gestalten ihres heiligen Winkels haben und auch eine Menge Kreativität dabei zeigen, aber im Endeffekt nur ein Dekorationsobjekt schaffen, das dann eben "herumsteht und gut aussieht". Einer der Gründe für diese Ratlosigkeit im Umgang mit Altären liegt vielleicht darin, daß wir keine Übung mehr damit haben – nur ein relativ geringer Anteil der Bevölkerung geht hierzulande noch regelmäßig in die Kirche, und auch dort läßt sich meist nicht mehr als das Aufnehmen und wieder Ablegen diverser Gegenstände vom Altar beobachten. Dafür hätten Sie auch den Küchentisch nehmen können. Das wahre Geheimnis des Altars und seiner Funktion enthüllt sich eher demjenigen, der in einer Kirche nicht etwa die Amts- und Würdenträger, sondern die Laien beobachtet: Vor allem in katholischen Kirchen sitzen fast immer Menschen in stiller Andacht vor einem der Marienwinkel oder der anderen Seitenaltäre, um mit versunkenem Blick und in sich selbst ruhender Haltung Gedanken nachzuhängen, die außer ihnen niemand zu erraten imstande wäre. Meist ziehen diese ruhigen, seitlich gelegenen Nischen weitaus mehr Menschen an als der große, offen und frei dastehende Hochaltar, weil sie eine Geborgenheit, Geschlossenheit und Intimität bieten, die den Bedürfnissen und oft auch Themen des Betenden oder Meditierenden angemessener sind.

Meditation

Worin besteht der Unterschied zwischen Nachdenken und Meditation? Hauptsächlich darin, daß letztere effektiver ist, weil alle Störfaktoren wie Ablenkungen von außen und mit anderen Dingen als dem Thema verbundene Gedanken ausgeschaltet werden. Auf diese Weise ist es möglich, eine innere Haltung zu schaffen, in der uns die Lösungen für unsere Probleme scheinbar "zufliegen" können; einfach, weil wir still genug werden, um auch jene leisen Stimmen in uns zu hören, deren Klang sonst im Lärm des Alltags unterzugehen droht. Hier werden aufsteigende Bilder und Intuitionen in aller Ruhe betrachtet und auf ihre Botschaft hin geprüft, anstatt wie sonst als Störung sofort wieder unterdrückt zu werden. Auf diese Weise läßt sich ein Problem wahrhaftig von allen Seiten, nämlich mit dem Verstand, den Gefühlen und der Intuition betrachten, was oft zu Lösungsansätzen führt, die sehr wirksam sind – einfach, weil sie das Ganze berücksichtigen und nicht nur jene Teile, die der Verstand alleine anführen würde.

Um eine meditative Stimmung zu schaffen, ziehen Sie den Telefonstecker aus der Dose, stellen die Türklingel ab oder hängen zumindest ein "Bitte nicht stören"-Schild an die Tür des Raums, in den Sie sich zurückziehen wollen. Machen Sie zuvor ihrer Familie gegenüber deutlich klar, daß Sie diese Bitte sehr ernst meinen und nur in äußerst dringenden Fällen gestört werden dürfen. Definieren Sie dabei anhand von Beispielen deutlich, was für Sie "dringend" bedeutet – vor allem Kindern fällt es leichter, entsprechende Entscheidungen zu treffen, wenn sie dabei Vergleiche zu von Ihnen vorgegebenen Situationen ziehen können. Stellen Sie dann eine warme, angenehme Lichtsituation her, indem Sie zum Beispiel im Raum oder auch auf dem Altar einige Kerzen entzünden, und verbrennen Sie eine Ihnen angenehme Räucherung bzw. geben Sie ein entsprechendes Aromaöl in Ihre Duftlampe. Viele Menschen empfinden leise, entspannende Musik ebenfalls als hilfreich; mich allerdings lenkt sie nur von der Meditation ab. Probieren Sie also ein wenig herum und finden Sie heraus, was Ihnen gut tut und Ihre Ziele unterstützt.

Setzen oder legen Sie sich nun in bequemer, entspannter Haltung vor Ihren Altar und richten Sie Ihre Aufmerksamkeit für einige Minuten auf Ihren Atem, den Sie tief und ruhig, aber nicht forciert gleiten lassen. Es gibt im Autogenen Training eine wunderschöne Formel hierfür, die Ihnen vielleicht dabei helfen kann: "Es atmet mich." Bei mir löst diese gedankliche Formulierung immer ein wunderbares Gefühl der Weite und Freiheit aus. Wenn Ihr Atem einen steten, tiefen Rhythmus erreicht hat, können Sie für einige Augenblicke dem Faden Ihrer Gedanken folgen, aber schauen Sie einfach nur zu, mehr nicht.

Stellen Sie sich vor, es würde sich nicht um Ihre eigenen Gedanken, sondern um die eines anderen Menschen handeln, die keine besondere Bedeutung für Sie haben – das ist ein bißchen wie mit den Werbespots, die im Kino vor dem Hauptfilm laufen. Da Sie schon einmal da sind, sehen Sie auch hin, spüren aber keine besondere innere Beteiligung dabei.

Langsam werden Sie feststellen, daß sich der Strom Ihrer ungeordneten Gedanken ebenso zu beruhigen beginnt, wie es zuvor schon Ihr Atem getan hat. Nun wird es Zeit, Ihre Aufmerksamkeit dem Thema zuzuwenden, das Sie für Ihre Meditation gewählt haben. Machen Sie sich "ein Bild" davon; stellen Sie sich die Situation so plastisch wie möglich vor Ihrem inneren Auge vor, damit Sie dann innerlich darum herumwandern und die Sache von allen Seiten her betrachten können. Währenddessen beobachten Sie all Ihre aufsteigenden Gedanken, Gefühle und Eingebungen sehr genau; aber nur, um sie sich zu merken. Versuchen Sie in diesem Zustand nicht, logische Schlußfolgerungen zu ziehen oder gar einen Plan auszuarbeiten, denn damit geben Sie dem Verstand wieder den Vorrang, der nur allzuschnell versuchen wird, erneut die Herrschaft über diesen Moment an sich zu reißen.

Unser Kopf neigt leider dazu, es als sehr beunruhigend zu empfinden, wenn er nicht der alleinige Boß, sondern nur einer von mehreren gleichberechtigten Mitarbeitern ist und pflegt dann, Himmel und Hölle in Bewegung zu setzen, um dieses Verhältnis wieder zu seinen Gunsten zu verschieben. Das merken Sie zum Beispiel daran, daß sich ablenkende, nicht mit dem Thema in Verbindung stehende Gedanken einschleichen.

Lassen Sie sich davon jedoch nicht aus dem Konzept bringen; nicken Sie diesen Gedanken einfach freundlich zu und schicken Sie sie wieder weg. Sie werden sehen, das funktioniert!

Wenn Sie das Gefühl haben, auf diese Weise keine neuen Informationen zu Ihrer Situation mehr erhalten zu können, ist es Zeit, die Meditation zu beenden. Jetzt können Sie ein Blatt Papier und einen Stift zur Hand nehmen, um die Gedanken, Gefühle und Eingebungen aus der Sitzung zu notieren und sie zu einem Ganzen zu verweben. Auch während der Meditation kann es unter Umständen zu sogenannten "Aha-Erlebnissen" gekommen sein, in welchen sich Aspekte oder sogar die Ganzheit des Problems deutlich darstellte oder Sie sogar Lösungsvorschläge erhalten haben. Das hat seinen Grund im ganzheitlichen Charakter einer solchen Sitzung.

Soweit zum Grundgerüst der Meditation. Wenn Sie nun gezielt Ihren Altar zur Unterstützung Ihrer Arbeit einsetzen möchten, empfielt es sich, in dessen Mitte eine Kerze aufzustellen, die das Thema symbolisiert, welchem Sie Ihre Sitzung widmen wollen. Nachdem Sie Ihren Atem sowie Ihre Gedanken zur Ruhe gebracht haben, richten Sie Ihren Blick auf diese Kerze und stellen sich das Problem auf die beschriebene Weise vor. Wenn Sie es deutlich vor Augen haben, entzünden Sie die Kerze und bitten dabei eine mit dem Problem in Verbindung stehende Gottheit oder auch nur das Universum allgemein, Sie in Bezug auf diese Frage zu "erleuchten" oder eben "Licht in die Angelegenheit zu bringen". Wenden Sie Ihr Gesicht während der gesamten folgenden Meditation stets dieser Kerze zu, wobei Sie ruhig die Augen schließen können, falls Sie dieser Anblick zu sehr von Ihrem inneren Geschehen ablenkt. Wenn Sie nun den Punkt erreicht haben, an dem Sie glauben, keine weiteren Informationen mehr erhalten zu können, öffnen Sie noch einmal die Augen und schauen Sie direkt in die Kerzenflamme. Sie müssen dabei nichts tun und auch nichts denken; schauen Sie einfach für einige Augenblicke hinein und warten Sie ab, ob etwas passiert und wenn ja, was es ist. Manchmal steckt der Schlüssel zur Lösung im Licht!

Bedanken Sie sich zum Ende der Sitzung bei den von Ihnen zur Hilfe gerufenen Wesenheiten, und zwar auch dann, wenn Sie momentan zu keinem sinnvoll scheinenden Schluß gekommen sind. Erstens haben allein die Grundmechanismen der Meditation, also die Beruhigung von Atem und Gedanken, einen enorm erfrischenden und regenerierenden Einfluß auf Sie, der bereits des Danks für diese Gelegenheit wert ist, und zweitens offenbart sich der Nutzen so mancher Meditation erst im Nachhinein. Unter Umständen werden Sie Tage später plötzlich mitten auf der Straße erstaunt stehenbleiben und Ihre Mitpassanten mit dem Satz "Ach, *so* war das gemeint!" in heillose Verwunderung stürzen. Machen Sie sich nichts draus – alle spirituell hochentwickelten Menschen, die ich kenne, reden immer wieder mal mit sich selbst. Wenn Sie sich auf diesen Pfad begeben, werden Sie bald eine Lebensweise erfahren, die einfach etwas intensiver und lebendiger als die vieler anderer Menschen ist, und manchmal schafft sich ein solches Erlebnis eben mit einem lauten Kommentar Luft. Das hat nichts mit geistiger Verwirrtheit zu tun, sondern zeigt vielmehr einen Menschen an, der mit all seinen Fasern im Hier und Jetzt steht.

Gebet

Eine sehr schöne und konsequente Fortführung einer erfolgreichen Meditation stellt das Gebet dar. Sie haben die Situation nun von allen Seiten betrachtet, das Problem erkannt und Lösungsansätze erarbeitet – was liegt näher, als den wohlwollenden Geist des Universums um seine Unterstützung bei der Umsetzung dieser Ansätze zu bitten? Dabei ist es natürlich Ihnen selbst überlassen, an wen genau Sie diese Bitte nun richten, Sie sollten sich nur wohl dabei fühlen. Meiner Erfahrung nach ist dem Universum im Unterschied zu uns Menschen völlig egal, wie Sie es nennen – wichtig ist nur, daß die Wesenheit, an die Sie sich richten, in *Ihnen* Gefühle weckt, die stark genug sind, um eine wirksame Verbindung zum "kosmischen Logos" herzustellen. Gebete sind nämlich nichts anderes als die Grundform des magischen Rituals, des Wirkzaubers sozusagen, und wenn sie keine Wirkung zeigen, liegt das meiner Ansicht nach keineswegs daran, daß "Gott nicht zuhört", sondern daran, daß grundlegende Prinzipien eines erfolgreichen Zaubers dabei nicht beachtet wurden. Ich verstehe auch nicht ganz, warum viele Menschen ernsthaft meinen, ein relativ emotions- und bewegungslos gesprochener Text würde ihre Welt verändern. Das ist schlichtweg nicht logisch, denn dann müßte es jeder in einem Film, im Theater oder auch einfach nur im Alltag so dahingesagte Satz ebenfalls tun. Nun fallen Leute aber eben *nicht* reihenweise tot um, nur weil jemandem ein "Von mir aus kann er sich zum Teufel scheren" entweicht. Es genügt nicht, das Ganze formell als Gebet zu bezeichnen,

um tatsächliche Wirkungen zu erreichen; vielmehr ist es notwendig, eine besondere und intensive Stimmung aufzubauen, die ihrem Anliegen erst zum Erfolg verhelfen kann.

Genau diese Stimmung haben Sie durch eine vorhergehende Meditation geschaffen. Sie kennen nun nicht nur das Problem sehr gut und wissen also viel besser als vorher, was genau Sie auf welche Weise verändern wollen, sondern Sie befinden sich darüber hinaus auch in sehr engem Kontakt mit Ihnen selbst, mit Ihren Gefühlen und Ihren wahren, tiefsten Notwendigkeiten. Wenn Sie nun auf Ihrem Altar eine Kerze für Ihre Bitte entzünden und diese mit all Ihrer Kraft, Leidenschaft und dem Mut, für sich selbst einzutreten – komme, was da wolle – formulieren, wird der metaphorische Telefonhörer auf der anderen Seite mit Sicherheit abgenommen.

Im Gegensatz zum magischen Wirkungszauber zeichnet sich das Gebet aber durch eine weitere, sehr spirituelle Qualität aus. Wer zaubert, versucht in den meisten Fällen (es gibt Ausnahmen in Form entsprechend geschriebener Rituale), dem Universum seinen Willen aufzuzwingen und eine bestimmte Entwicklung auf jeden Fall herbeizuführen. Der betende Mensch jedoch unterwirft sich der Weisheit jener Wesenheit, an die er sich wendet, weil darauf vertraut, daß diese die Gesamtsituation mit all ihren Konsequenzen besser zu überschauen in der Lage ist als er selbst. Dieser Mensch meldet seine eigenen Bedürfnisse mit all dem Selbstbewußtsein, der leidenschaftlichen Kraft oder auch der Verzweiflung an, die ihm aus seiner eigenen teilweisen Wahrnehmung des Ganzen entsteht, zeigt sich aber gleichzeitig bereit, den ihm vom Göttlichen in seiner Weisheit zugewiesenen Platz im Gefüge des Universums einzunehmen. Und dies in tiefstem Vertrauen auch dann, wenn er die Entscheidungen der Götter vielleicht augenblicklich noch nicht versteht. Das hat nichts mit Fatalismus zu tun, sondern stellt vielmehr die einzige Form der Demut dar, die ich wirklich akzeptieren kann, nämlich den hingebungsvollen Versuch, jene Aufgabe zu finden, zu akzeptieren und durchzuführen, die mir das Universum bei meiner Erschaffung als Teil des Ganzen

zugedacht hat. Wer dies kann, wird weniger leiden, weil er dort ist, wo er hingehört und für diese Aufgabe mit allem ausgestattet wurde, was er dafür benötigt. Leid ist oft, aber nicht immer ein Hinweis darauf, daß wir uns gegen den für uns vorgesehenen göttlichen Plan stellen, also nicht mit unserem Lebensfluß im Einklang sind. Wer wahrhaft betet, ist bereit, sich führen zu lassen, ohne dabei sein eigenes Urteilsvermögen aufzugeben. Beten kann man natürlich überall, aber wer es einmal an einem dieser Aktivität geweihten Ort versucht hat, der weiß, warum viele Christen dafür die lauschige Nische eines kirchlichen Seitenaltars wählen. Die Kraft und mögliche Konzentration an einem Altar verstärkt die Wirkung jedes Gebets um ein Vielfaches. Ein Hausaltar bietet darüber hinaus noch den Vorteil, daß Sie Ihre Bitte auch laut formulieren können, was ihr wiederum mehr Substanz verleiht – und daß Sie sich keine Gedanken darüber machen müssen, ob Sie in Ihrer emotionalen Bewegtheit unangenehm auffallen könnten. Ihre Gefühle selbst sind nicht schlecht, nur der Störfaktor, den diese für andere Betende darstellen können, mag sich in der Öffentlichkeit als unpraktisch erweisen. An Ihrem eigenen heiligen Winkel jedoch stellt dies kein Problem dar.

Anrufung

Diesen Begriff haben Sie vielleicht im Zusammenhang mit spirituellen Wegen oder Techniken bereits gehört und sich gefragt, was er bedeutet. Nun, genaugenommen haben wir darüber bereits gesprochen. Wenn Sie sich in Form eines innigen Gebets an eine bestimmte Wesenheit wenden, *rufen Sie diese an,* machen sie also auf sich aufmerksam. Dies kann zu Beginn des Gebets geschehen, und zwar indem Sie diese Wesenheit direkt ansprechen, bevor Sie zu ihrem Anliegen kommen. Beschreiben Sie dabei, was Sie über die Wesenheit wissen und mit ihr in Verbindung bringen, denn auf diese Weise finden Sie die richtigen "Frequenzen" in der Schwingungsvielfalt unserer Welt – jene, die mit der angerufenen Gottheit in Verbindung stehen. Gleichzeitig schaffen Sie damit dieselbe Schwingungsqualität in sich selbst, was die Herstellung eines Kontakts getreu dem Prinzip "Gleiches zu Gleichem" wesentlich erleichtert. Von vielen alten Kulturen sind uns eindrucksvolle, oft seitenlange Anrufungen überliefert, aber so kompliziert muß es gar nicht sein. Zur Erläuterung gebe ich hier eine Anrufung der Großen Göttin wieder (siehe Text im Bild rechts).

Auch wenn es sich vielleicht nicht so toll anhört, sind die besten Anrufungen meiner Ansicht nach die improvisierten. Sprechen Sie aus dem Bauch heraus, und kümmern Sie sich nicht um die korrekte Form oder Satzstellung. Wichtig ist das Gefühl und der Vorgang des Einschwingens. Wenn Sie sich schließlich richtig

"Lichtstrahlende Göttin, Herrin mit den tausend Namen, Gebärerin, aus der wir alle kommen und Schnitterin, zu der alles einst zurückkehrt, ich rufe Dich und bitte Dich um Deine Aufmerksamkeit. Ich rufe den Schoß, in dem ich Geborgenheit finde, die Weisheit, welche mich führen soll, die Liebe, welche Du über Deine Schöpfung ergießt und die Freude, die Du allen Deinen Wesen bringst. Ich bitte Dich, höre mich an, wenn ich mich nun an Dich wende um Deiner Kraft und Weisheit willen."

von der entsprechenden Schwingung erfüllt wahrnehmen, dann ist die angerufene Wesenheit bei Ihnen und Sie können Ihre Bitte vortragen.

Im Unterschied zur Anrufung gibt es noch die Invokation, eine "Hereinrufung", im Zuge derer ein ausgebildeter Priester bzw. eine solche Priesterin einer bestimmten Gottheit seinen oder ihren Körper zur Verfügung stellt, damit die Gottheit durch die ausführende Person (den "Kanal") sprechen sowie handeln kann. Das sollten Sie allerdings nur dann alleine versuchen, wenn Sie über eine ausgesprochen stabile Psyche und Persönlichkeit verfügen – und selbst dann nicht einfach so, sondern erst, nachdem Sie sich über die damit verbundenen Vorbereitungen und Sicherheitsmaßnahmen informiert haben. Am besten lassen Sie ohne Anleitung durch eine darin erfahrene Person die Finger davon, weil diese Praktik durchaus latent vorhandene schizoide Züge zum Ausbruch bringen kann. Führen Sie so etwas bitte nur dann durch, wenn Sie genau wissen, was Sie tun.

Opfer

Diesen Begriff müssen wir erst einmal definieren, denn umgangssprachlich ist damit meist der Gedanke an das Aufgeben von etwas Wertvollem oder Persönlichem verbunden. Mein eigenes Verständnis dieses Begriffes ist jedoch weitaus näher dem Schenken oder Miteinanderteilen verwandt. Wenn ich meinen Göttern opfere, gebe ich ihnen freudig von meinem besten Wein, dem gerade fertiggestellten Festessen oder kleinen (möglichst natürlichen oder verrottungsfähigen) Dingen, die ich mag und an denen ich mich auch erfreue. Ich teile meine Lust an diesen Sachen oder Situationen mit jenen, die mich hierher auf diese schöne Welt gebracht haben und mir auf diese Weise all jene wunderbaren Erlebnisse ermöglicht haben, an denen ich sie nun teilhaben lasse. Demzufolge findet das Opfer bei mir nie in Form eines "Kuhhandels" nach dem Prinzip "Wenn ihr mir dies gebt, opfere ich euch jenes" statt, sondern ist immer ein Ausdruck des Danks für die Herrlichkeit und den Reichtum des Lebens. Meist habe ich einen konkreten Anlaß für ein solches Opfer: eine schöne Wendung in meinem Leben, eine von den Göttern erhörte Bitte oder einfach nur das Bedürfnis, von meiner Lebensfreude ein wenig zurückzugeben. Das kann auf unterschiedliche Weise geschehen. Manchmal sitze ich einfach nur an einem schönen Sommerabend unter den Zweigen einer alten Weide und bin dabei so glücklich, daß ich spontan den Inhalt des Glases, das ich in der Hand halte, mit einem leisen "Danke euch allen" in die Erde gieße. Aber auch in meinen Ritualen hat das Weinopfer einen festen Platz, und wenn wir die Jahresfeste, einen Geburtstag oder einen anderen Anlaß feiern, wird immer ein großer Teller mit den Festspeisen für die Götter, die Ahnen unserer Familie und alle uns begleitenden Wesen gefüllt, den wir dann fröhlich gemeinsam nach draußen zum Gartenaltar tragen. Wen die Empfänger dieser Gaben dann senden, um sie abzuholen, ist nicht mehr meine Angelegenheit – meist feiern alle Katzen der Umgebung (Freya weiß schon, wen sie schickt!) zusammen mit Igeln, Frettchen und dem einen oder anderen Raubvogel dort draußen ein Fest, das ebenso fröhlich ist wie jenes, an dem wir Menschen uns gerade erfreut haben. Als naturreligiöser Mensch empfinde ich das Opfer über eine solche Einbindung der Tiere intensiver als wenn ich zu diesem Zweck zum Beispiel eine Räucherung verbrenne, was ja in vielen magischen Traditionen gang und gäbe ist. So erfüllt mich der leere Teller am nächsten Morgen immer mit einer fröhlichen Stimmung, wenn ich das von den Boten hinterlassene Chaos lächelnd aufräume. Ach ja, eines ist ganz wichtig: Wenn Sie auf diese Weise opfern, sollten Sie einen möglichst stabilen Teller nehmen und auch sonst nichts Zerbrechliches auf dem Altar stehen lassen. Tiere mit göttlichem Auftrag feiern genauso ausgelassen wie wir auch!

magische

RITUALE

Natürlich können Sie Ihren Altar auch zur Durchführung von Wirkungsmagie verwenden, doch eine detaillierte Beschreibung dieses Bereichs würde den Rahmen dieses Buchs bei weitem sprengen. Außerdem liegt der Wert eines Hausaltars für mich mehr bei den Möglichkeiten, die er zur Entfaltung der eigenen Persönlichkeit bietet, weshalb ich im folgenden zwei kleine Rituale zur Unterstützung des Selbstwerts und der Selbstfindung anführen werde.

Eines noch vorweg: Kein Ritual – auch kein sogenannter "Wirkzauber" kann von Erfolg gekrönt sein, wenn Sie sich zuvor nicht tiefgehend mit dem Problem konfrontieren. Ein alter magischer Ausspruch besagt: "Man kann nur wegschikken, was man kennt", (und der gilt auch für das "Herholen" einer besseren Situation – bitte keine semantischen Spitzfindigkeiten, im Endeffekt geht es doch immer darum, etwas Unangenehmes zu beenden!). Soll heißen: Sie können unangenehme Aspekte Ihres Lebens nur dann verändern, wenn Sie sich zuvor intensiv damit beschäftigt haben – und zwar nicht mittels Grübeln (das ist kontraproduktiv und zählt nicht!), sondern auf eine betrachtende, wahrnehmende und nicht bewertende Weise. Schauen Sie ruhig hin – Sie müssen ja niemandem erzählen, was Sie da sehen. Auch nicht, um es verändern zu können.

Ritual zum Finden eigener Kraftquellen

Begeben Sie sich in eine meditative Haltung, indem Sie Ihren Atem sowie Ihre Gedanken wie beschrieben beruhigen. Stellen Sie sich nun vor Ihrem inneren Auge genau jene Situationen vor, die Sie auslaugen und entkräften. Tun Sie dies in allen Einzelheiten; je mehr Informationen Sie dem Universum geben, umso besser kann es Ihnen helfen. Gehen Sie wieder innerlich "um die Situationen herum" und betrachten Sie diese von allen Seiten. Entzünden Sie danach auf Ihrem Altar eine blaue, eine rote und eine braune oder grüne Kerze. Die blaue steht für geistige Energie, die rote für körperliche und die grüne bzw. braune für jene der Natur und der Erde. Wenn Sie möchten, können Sie nun eine Anrufung durchführen und um Anregungen zur Lösung Ihres Problems bitten. Dann schauen Sie die drei Kerzen aufmerksam an und machen Sie sich nochmals bewußt, wofür diese stehen. Nun schließen Sie die Augen und bitten um Ideen, Rat oder wenden Sie sich an Ihre Intuition. Jetzt ist es wichtig, daß Sie sich ein wenig Zeit lassen, falls Sie nicht augenblicklich von einer Flut an Bildern und Gedanken überschwemmt werden. Es ist völlig normal, wenn Sie ein wenig Zeit brauchen, um den Kontakt zu entwickeln. Lassen Sie dem Universum, aber auch Ihrer Intuition und Ihrem Unbewußten ein paar Augenblicke, um einen Kontakt zu Ihnen herzustellen. Falls aber doch sofort Informationen auftauchen, sollten Sie diese nicht verwerfen, auch wenn Sie Ihnen im Moment vielleicht unsinnig oder undurchführbar erscheinen. Unter Umständen sind Sie gefordert, einiges in Ihrem Leben zu verändern, um Ihre persönlichen Kraftquellen zugänglich zu machen, und was jetzt gerade nicht machbar erscheint, ist es vielleicht nach einigen Veränderungen durchaus. Auch kann es möglich sein, daß Sie symbolische Botschaften erhalten, die zunächst seltsam anmuten, aber dennoch von Ihnen registriert werden sollten. Versuchen Sie aber im Augenblick nicht, diese Botschaften zu entschlüsseln oder das, was Sie sehen oder empfinden, zu bewerten. Beobachten Sie nur, bis der Fluß an Informationen schließlich versiegt. Dann schreiben Sie alles, was Sie gesehen haben und woran Sie sich erinnern können nieder und versuchen, einen Sinn darin zu finden. Oft sind diese Botschaften sehr direkt und leicht zu verstehen; versuchen Sie zunächst, alles wörtlich zu nehmen, bevor Sie sich auf eine eventuelle symbolische Ebene konzentrieren. Sie können alles Mögliche empfangen haben: Vielleicht haben Sie einen Ort gesehen, den Sie kennen und der für Sie eine Quelle der Lebensenergie bereithält, oder auch eine Phantasieumgebung, an die Sie jederzeit aus eigenem Willen zurückkehren können, um sich dort aufzuladen und zu erneuern. Dazu müssen Sie sich in meditativer Haltung nur vorstellen, an diesen Ort zu gehen (das funktioniert übrigens auch bei real vorhandenen Plätzen, auch wenn der Kontakt nicht ganz so stark ist wie vor Ort selbst). Eventuell haben Sie auch einen Satz gehört, der Ihnen wichtige Hinweise auf Ihre Kraftquellen gibt oder selbst eine solche ist, indem Sie ihn sich in anstrengenden Situationen gedanklich wie eine Affirmation wieder und wieder vorsagen. Oder es ist etwas anderes geschehen, auf das ich im Moment gar nicht kommen kann, weil es nur Ihnen gehört. Ich habe sehr gute Erfahrungen mit jenen Kraftquellen gemacht, die sich mir auf diese Weise erschlossen haben. Vergessen Sie nicht, für diese wertvollen Informationen zu danken, bevor Sie das Ritual beenden und die Kerzen auslöschen!

Eigensegnung

Dieses Ritual ist aus dem Buch "Der Hexenkult als Urreligion der großen Göttin" von Starhawk entlehnt und abgewandelt. Verändern Sie es, wenn Sie das Bedürfnis danach verspüren, denn eine Eigensegnung ist ein ebenso kraftvoller wie auch persönlicher Akt, den Sie völlig an Ihre eigenen Bedingungen und Bedürfnisse anpassen sollten. Aber wenn es Ihnen so gefällt, wie es ist, hindert Sie niemand daran, es einfach zu übernehmen! Die folgende ist meine eigene Fassung.

Wählen Sie eine Kerze von einer Farbe, mit der Sie sich identifizieren, die Ihnen für Sie selbst passend erscheint. Das muß nicht unbedingt die Farbe sein, die Sie am liebsten in Form Ihrer Kleidung tragen – ich zum Beispiel besitze nur ganz wenige Kleidungsstücke in jenem Ton, den ich mit mir selbst in Verbindung bringe. Natürlich ist hier auch eine Übereinstimmung möglich, aber was nun genau zutrifft, können nur Sie selbst wissen. Vielleicht hilft es Ihnen, wenn Sie sich die Frage stellen: "Wenn ich eine Farbe wäre, welche Farbe wäre das?" (manchmal haben psychologische Gesellschaftsspiele echt ihre Vorteile). Stellen Sie eine entsprechend gefärbte – und zwar möglichst durchgefärbte – Kerze auf Ihren Altar und gestalten Sie diesen des weiteren mit Gegenständen, die Sie mit sich selbst in Verbindung bringen, die bestimmte Anteile von Ihnen symbolisieren. Das müssen durchaus nicht nur Aspekte sein, mit denen Sie gut umgehen können – diese Segnung gilt Ihrem ganzen Selbst, genau so, wie es ist. Da kann zum Beispiel eine Blüte für Ihre Leidenschaft zum Blumenbinden stehen, ein Taschenrechner für Ihre logischen Begabungen, eine Schachtel Zigaretten für Ihre Suchtanteile, eine Hantel für Ihre große Kraft, das Bild eines Kamels für Ihre Ausdauer (und für sonst nichts, Sie bedenken sich hier auf keinen Fall mit selbstabwertenden Bezeichnungen – das meine ich ernst!), ein Pinsel für Ihre kreativen Fähigkeiten und so fort. Machen Sie sich ein Bild von sich selbst, so, wie Sie sich sehen, und geben sie dieses Bild in Form einer fröhlichen Collage auf Ihrem Altar wieder. Wenn Ihnen Ihre Sammlung einigermaßen vollständig erscheint, stellen Sie noch ein Schälchen dazu, daß mit etwas pflanzlichem Öl gefüllt ist, dem Sie wenige Tropfen eines ätherischen Öls zugegeben haben. Wählen Sie wiederum einen Duft, mit dem Sie sich identifizieren – wenn Sie auf Nummer sicher gehen wollen, nehmen Sie Rose, die paßt in diesem Fall immer (ist aber nicht ganz billig). Nun nehmen Sie ein genußvolles Bad, dem Sie ein reinigendes ätherisches Öl (zum Beispiel Lavendel) oder schlichtweg eine Tasse Zitronensaft und etwas Meersalz beigegeben haben. Danach setzen Sie sich vor Ihren Altar und bringen Atem und Geist zur Ruhe.

Öffnen Sie danach die Augen wieder und betrachten Sie mit einem liebevollen Lächeln – bitte ein echtes! – Ihre Kollektion. Das ist ein Bild, eine Wiedergabe Ihres Ichs, Ihrer Persönlichkeit, wie Sie sich sehen und empfinden. Damit leben Sie Tag für Tag. Ist es nicht erstaunlich, welche Vielfalt sich da vor Ihnen ausbreitet? Welche Kraft diese Sammlung doch bei aller Ungereimtheit und allen für einen Altar vielleicht so ungewöhnlichen Gegenständen hat? Hier sind Sie in Ihrem Alltag, in Ihrer Erde. Erlauben Sie sich ruhig, das vor Ihnen liegende Bild laut zu kommentieren und auch mal herzhaft vor Freude zu lachen, aber werten Sie sich dabei niemals ab! Achten Sie sehr genau darauf, keine Formulierungen wie "das sieht mir Trottel wieder ähnlich" oder "ich Schussel, ich!" zu verwenden, und wenn Ihnen doch so etwas entschlüpft, dann stellen Sie es bitte sofort wieder richtig. Sie sind kein Trottel, sondern waren an einer bestimmten Stelle nur etwas ungeschickt. Das ist ein riesiger und wesentlicher Unterschied, denn ein Trottel verfügt nicht über Ihre geistigen Kapazitäten. Verstehen Sie den Unterschied? Machen Sie sich auf keinen Fall schlecht, sondern betrachten Sie sich auf eine realistische Weise. Dann werden Sie bald sehen, daß auch viel Bemerkenswertes und Kraftvolles in Ihnen ist!

Nun wenden Sie sich an jene Instanz, die Sie um ihren Segen bitten wollen. Ich sage einfach: "Mutter allen Lebens, ich bitte Dich um Deinen Segen." Bewußt durchgeführt und empfangen stellt ein Segen eine sehr starke und äußerst wirksame Kraft dar, die Ihnen Energie auf allen Ebenen des Seins gibt und Sie dabei unterstützt, Ihren eigenen Weg im Leben nicht nur zu finden, sondern auch zu gehen. Deshalb sagen wir von Menschen, denen ein großes Glück widerfahren ist, sie seien gesegnet. Diese Kraft jedoch entstammt nicht uns selbst, sondern dem lebendigen und bewußten Universum, das uns umgibt. Wir haben allerdings die Macht, diese Kraft zu rufen und anderen oder auch uns selbst zukommen zu lassen. Wenn Sie sich selbst segnen, ist dies keineswegs egoistisch, sondern ein wunderbarer Akt der Akzeptanz und Liebe des eigenen Selbst. Darin, sich so zu nehmen und zu lieben, wie ich bin, sehe ich große Demut und nicht etwa puren Eigennutz.

Nun entzünden Sie die Kerze und nehmen das Schälchen mit dem Salböl zur Hand. Tauchen Sie Zeige- und Mittelfinger hinein und berühren Sie damit Ihre Krone (den höchsten Punkt des Scheitels), während Sie mit liebevollem Gefühl sagen:

"Segne mich, damit ich mich für Deine Herrlichkeit öffne."

Tauchen Sie die Finger erneut ein, berühren Sie damit Ihr drittes Auge (ein bis zwei Fingerbreit über der Nasenwurzel) und sagen Sie:

"Segne die Pforte der Erkenntnis, auf daß ich das Ganze zu erfassen lerne."

Und nun die Augen:

"Segne meine Augen, auf daß ich die Wahrheit sehen kann."

Am Mund:

"Segne meinen Mund, auf daß ich Wahres und Hilfreiches ausspreche."

Auf der Höhe des Herzens:

"Segne mein Herz, das voller Kraft für alles Lebende schlägt und dem ich folge."

Und nun das Dreieck der Schamhaare:

"Segne die Pforte des Lebens, meine Kraft, meine Kreativität und Mutter-/Vaterschaft."

Und schließlich bei den Füßen:

"Segne meine Füße, auf daß ich standhaft meinen Weg gehe."

Wenn Sie es schaffen, dieses kleine Ritual in einer Stimmung der Liebe, Akzeptanz und Offenheit sich selbst gegenüber durchzuführen (was sich übrigens durchaus trainieren läßt!) erhalten Sie damit eine unschätzbare Quelle der Energie und des positiven Selbstwerts. Dann sind Sie im wahrsten Sinne des Wortes gesegnet. Auch die Salbung alleine hat eine beachtliche Wirkung und eignet sich deshalb hervorragend, um in schwierigen Zeiten zwischendurch oder sogar als regelmäßiges Ritual (je nach Bedarf einmal im Monat, einmal in der Woche oder sogar täglich) durchgeführt zu werden.

Das Rot versinnbildlicht gleich dem Blut als Lebenssaft die voll erblühte und offenbarte Lebenskraft und die Fruchtbarkeit der Sommergöttin. Eine Sonnenscheibe und selbstgebackene Sonnensymbole ehren die große Lebensspenderin. Eine goldene Sonnenkerze funkelt neben dem mit Wasser gefüllten Gefäß, welches vor Sonnenaufgang aus einer Quelle geschöpft wurde.

altare für

Ein lebendiger Hausaltar ist nie wirklich "fertig", sondern wird sich entsprechend dem, was Ihnen gerade wichtig ist – also im Rahmen Ihres persönlichen Entwicklungsprozesses – aber auch aufgrund der Sie umgebenden Veränderungen in Alltag und Natur ständig wandeln. Einige Anlässe für derartige Umgestaltungen habe ich im folgenden zusammengestellt und mit Anregungen zur Altargestaltung versehen. Haben Sie keine Scheu, meine Vorschläge über den Haufen zu werfen – wählen Sie bitte selbst, was Ihnen für den jeweiligen Anlaß geeignet erscheint.

Die Jahreszeiten

Ob wir nun im lauschigen Bauernhaus auf dem Lande oder in der dichten Großstadt leben – wir sind alle dem Lauf des Jahres in der Natur unterworfen, und dies ist in der Stadt mehr zu spüren, als Sie vielleicht glauben. Schließlich fallen auch dort im Herbst die Blätter von den Bäumen, und auch dort wird es spätestens irgendwann im November empfindlich kalt. Auch in einer städtischen Umgebung beeinflussen diese Veränderungen Ihr tägliches Verhalten: Sie werden vielleicht in den Wochen vor der Wintersonnenwende ein wenig ruhiger oder sogar etwas deprimiert, ziehen sich wärmer an und nehmen öfter mal einen Regenschirm mit. Im Frühjahr wiederum packt Sie unter Umständen die berühmte Frühjahrsmüdigkeit, oder sie blühen im Gegenteil gemeinsam mit der Natur geradezu auf, verlegen Ihre Freizeitaktivitäten wieder öfter außer Haus und lassen die ersten Hüllen fallen. Viele Menschen haben den Eindruck, ein vom Lauf des Jahres unberührtes und immer gleiches Leben zu führen, aber schon wie Sie sich kleiden, was Sie unternehmen und wo Sie dies tun, wird in hohem Maß davon beeinflußt. Falls Sie diesen Rhythmus gerne bewußter miterleben möchten, bietet sich die Gestaltung von der jeweiligen Jahreszeit angepaßten Hausaltären an. Es ist auch möglich, einen Altar auf mehreren Ebenen gleichzeitig anzulegen; so stehen z.B. auf einem Frühlingsaltar während der entsprechenden Wochen im Jahr jene Dinge, die für Sie diese Jahreszeit symbolisieren, während gleichzeitig andere Elemente, die Sie für ein bestimmtes Ritual, einen Geburtstag oder andere "kurzlebigere" Anlässe hinzugefügt haben, wieder weggenommen oder umgestaltet werden, ohne die grundlegende Frühlingsatmosphäre des Altars aufzuheben. Dadurch offenbaren sich wiederum Zusammenhänge des Lebens – vielleicht vermittelt Ihnen Ihr Geburtstagsaltar im Rahmen der Jahreszeit, in der sie geboren wurden, ganz neue Einsichten über Ihre Person.

In diesem Sinne symbolisiert der Frühlingsaltar für die meisten Menschen alles, was mit dem Wiedererwachen der Natur, dem Weg vom Innen zum Au-

Ein Lichtmeßaltar mit Weidenkätzchen als erste Frühlingsboten. Die weiß-goldene Kerze symbolisiert das persönliche neue Jahr, und die Lilienblüte gibt ihren Segen zum Neubeginn

Die Frühlingsmitte ist weiß als Bild des reinen, noch nicht offenbarten Lebens oder als Farbe der Jungmädchengöttin. Im Mittelpunkt weist ein Stück rosafarbener Seide auf die nahende Weiterentwicklung zum lebensvollen, sommerlichen Rot hin. In der Osterzeit kommen rote Eier als Zeichen der Liebe oder goldene für die Bestärkung der zunehmenden Sonnenkraft auf den Altar.

ßen und dem Thema des Neubeginns zu tun hat. Wie der Frühling selbst kann er leichter und luftiger Natur sein, und auch der Fruchtbarkeitsaspekt findet hier einen Platz.

Bei mir sind es meist nur wenige Elemente, die den Frühlingsaltar charakterisieren, denn dies ist für mich die Jahreszeit der Möglichkeiten, die zwar bereits in der Luft liegen (Fruchtbarkeit und Zeugung), sich aber auf der materiellen Ebene erst noch manifestieren müssen (Geburt). Deshalb lasse ich hier zu Beginn gerne viel Raum für zukünftige Entwicklungen. Für mich sind die folgenden Elemente sehr schöne Frühlingsboten:

- die Farben Weiß und Hellblau
- Feder – das Element Luft
- Bergkristall – aufgrund seiner Klarheit
- junge Blüten und Triebe
- Eier – als Fruchtbarkeitssymbol und zukünftiges Versprechen, (vornehmlich in der Farbe Rot)
- weiße oder hellblaue Kerzen – als Symbole für das zunehmende Sonnenlicht
- Hase – als Fruchtbarkeitssymbol
- Vogelnest – Symbol des Beginns und der Fruchtbarkeit
- Schreibfeder – Symbol des Elements Luft auf geistiger Ebene
- Pflug – um die harte Wintererde aufzulockern und wieder Luft daran zu lassen
- die nach außen führende Spirale – symbolisiert die nach der inneren Einkehr des Winters wieder erfolgende Hinwendung zur Außenwelt
- Glöckchen – wegen des klaren, hellen Klangs
- Flöte – Sie kennen doch das alte Frühlingslied!
- Haselnußzweige, Weidenkätzchen – für Inspiration und Neubeginn
- zunehmender Mond (Neubeginn)
- Tarot – Der Magier, Die Liebenden, Der Stern

Meine Sommeraltäre sind meist etwas überfüllt, was einerseits daran liegt, daß es sich dabei um meine liebste Jahreszeit handelt und andererseits mit der Qualität der überfließenden Fülle des Sommers zu tun hat. Doch auch der erste Abschiedsschmerz klingt leise in den Tanz des Lebens hinein, wenn nach der Sommersonnenwende die Tage bereits wieder kürzer werden. Lebensfreude, Licht und Wärme, aber auch die beginnende Ernte frühreifender Früchte sind Themen dieses Altars und können unter anderem mit den folgenden Elementen dargestellt werden:

- die Farben Grün, Rot und Gold
- Lava- oder Basaltgestein – als Ergebnis eines Vulkanausbruchs hervorragende Symbole für die Verbindung von Feuer und Erde
- Feueropal – auch so ein Feuerstein
- Rose – und alles andere, was den Sommer über blüht
- Beeren und junges Korn – für Reifezeit und Geburt
- Kerzen in Rot und warmem Gelb – Feuer- und Sonnensymbole
- Katze – sind die wahren Sonnenanbeter
- die flammende Sonnenscheibe
- der volle Mond – symbolisiert die Hochphase einer Entwicklung
- Kränze – für die "Hohe Zeit", also die Hochzeit
- Birke – bei den Kelten beliebter Baum der Sommersonnenwende
- Eiche – Sonnen- und Kraftsymbol
- Kräutersichel – Symbol für den ersten Abschied, den die frühe Ernte darstellt
- Kelch oder Becher – hier als Symbol der Gemeinschaft und des Feiern
- Tarot – Die Hohepriesterin, Der Herrscher (Der Kaiser), Kraft (Lust), Die Sonne

Der Herbst wiederum ist die Zeit der Ernte und auch des beginnenden Rückzugs nach innen. Die Bäume verlieren ihre Blätter, während ihr Saft sich auf die Wurzeln konzentriert, und auch das oftmals feuchte und kühlere Wetter veranlaßt die meisten Menschen dazu, ihr Leben wieder mehr ins Haus zu verlegen. Jetzt ist der Augenblick gekommen, um sich auf den kommenden Winter vorzubereiten – daß heißt einerseits aus vollen Zügen zu genießen, was uns die Natur einige wenige Wochen lang noch so freizügig bietet, aber andererseits auch mit der Konservierung und Lagerung all dessen zu beginnen, was wir in den langen Wochen des Winters dringend brauchen werden.

- die Farben Blaugrün und Rotbraun
- eine wassergefüllte Schale
- Mondstein oder Perle
- Muscheln – als Symbol für das nun herrschende Element Wasser
- Herbstblumen (z.B. Aster)
- reifes, zur Garbe gebundenes Korn
- haltbare Feldfrüchte – Kartoffel, Rübe, Kürbis

Im gelben Seidentuch hat sich das Rot der Sommergöttin in schwächere Töne gewandelt und wird von beerentragendem dunkelrotem Weinlaub überrankt. Die letzte Rose dieses Sommers steht als Zeichen für alles Vergängliche; Herzsymbole mit einwärtsdrehenden Rosetten verdeutlichen die sich nach innen wendenden Lebenskräfte. Große Sonnenblumen mit mächtigem Fruchtstand stehen wie Wächter vor dem Fels

- lagerfähiges Obst – Apfel, Birne
- die nach innen führende Spirale – symbolisiert die nun beginnende Hinwendung zum Inneren
- abnehmender Mond
- Nußbaumzweige
- Weinlaub – am besten schön rot gefärbtes
- Krähe – als mitteleuropäischer Herbst- und Wintergast
- Füllhorn – symbolsiert den Reichtum der Ernte
- Sichel – als Erntewerkzeug
- Tarot – Der Hierophant (Der Hohepriester), die Gerechtigkeit (Die Ausgleichung)

Mit dem Winter schließlich kehrt eine Zeit der Stille ein. Das Leben konzentriert sich in den Pflanzen auf die Wurzeln oder Knollen, während es sich bei uns Menschen entsprechend auf den häuslichen Bereich zurückzieht. Selbstbesinnung und familiäre Geborgenheit sind die Themen dieser Zeit, denn nun wird betrachtet, was war, um sinnvolle Pläne machen zu können für das, was kommt. Doch wie der Sommer trägt auch diese Jahreszeit an ihrem dunkelsten und kältesten Punkt bereits den Keim der Veränderung in sich: die Wintersonnenwende mit ihrem Versprechen auf einen weiteren Umlauf im Rad des Jahres.

- die Farben Braun, Dunkelgrün, Rot und Gold
- Stein – für das Element Erde
- Hämatit, Landschaftsachat
- immergrüne Pflanzen – Efeu, Stechpalme, Tanne – für das Überdauern des Lebens in Kälte und Dunkelheit
- Mistel – Symbol für die Unterwelt sowie für den Zyklus von Tod und Wiedergeburt
- rote und goldene Kerzen – symbolisieren die Wiederkehr des Lichts
- Geoden – das sind Steine, in deren hohlem Inneren sich Kristalle befinden (ein schönes Höhlensymbol)
- Wolf – als Führer in die eigene Dunkelheit
- Webstuhl oder ein handgewebtes Stück Stoff (früher eine fast ausschließliche Winteraktivität)
- Apfel – rot oder gold gefärbt als Symbol für das wiederkehrende Leben
- Schwarzmond – nicht sichtbare Phase zwischen abnehmendem und zunehmendem Mond, das Gegenteil des Vollmonds
- Tarot – Der Eremit, Der Gehängte, Tod

Dieser Außenaltar entsteht aus einer Schneespirale. Hoffnung und Beständigkeit verheißendes Tannengrün überdecken die kalte Pracht, die Kerze in der Mitte der Spirale symbolisiert das entschwundene Sonnenlicht. Die anderen Kerzen stehen für die sich von nun an vollziehende Verlängerung des Tageslichts

Wundern Sie sich nicht, wenn Sie vor allem in den Vorschlägen zum Frühjahrs- und Winteraltar einige Dinge wiederentdecken, die für Sie vielleicht ganz selbstverständlich zum Oster- und Weihnachtsfest gehören. Wir feiern üblicherweise zu diesen Anlässen sozusagen zwei Feste (und auch Religionen) parallel: Während alles, was Sie zu dieser Zeit in der Kirche erleben, einem rein christlichen Kontext zuzuordnen ist, entstammen die häuslichen Bräuche um die genannten Feste fast ausschließlich vorchristlicher und somit naturreligiöser Tradition. Ich persönlich finde die friedliche Verbindung jener beiden Einflüsse, die unsere spirituell-kulturelle Landschaft am wesentlichsten geprägt haben dürften, als wunderschönes Beispiel für eine Toleranz und Akzeptanz, von der wir in anderen Bereichen unseres Lebens viel lernen könnten.

Lebensphasen und deren Feste

Ähnlich wie schon die Thematik des Jahreskreises kann auch jene der Übergangszeiten im Leben eines Menschen im Rahmen dieses Buches leider nur angedeutet werden; weitergehend interessierten Lesern kann ich dazu allerdings die im Anhang aufgeführten Bücher empfehlen. Auch mit der Würdigung dieser als Passagen bezeichneten Momente mittels der Gestaltung eines eigenen Altars wird einem Defizit im Leben moderner Menschen entgegengewirkt, das zum Beispiel im manchmal überschäumend leichtsinnigen Verhalten junger Menschen ebenso spürbar ist wie in den Problematiken um Wechseljahre und Midlifecrisis. Unsere zunehmende Ignoranz dieser für jeden Menschen so bedeutenden Wendepunkte verursacht bei vielen ernstzunehmende Orientierungsprobleme und daraus resultierende Schwierigkeiten bei der Bewältigung des Alltags. So wie das Jahr stellt auch das Leben einen Kreis aus Entwicklungen dar, denen wir zwar unterworfen sind, deren Funktion und Sinnhaftigkeit sich uns jedoch erst in der tieferen Beschäftigung damit eröffnen – und das ist der erste Schritt zum Annehmen und erfüllten Leben in den verschiedenen Phasen.

Das Leben beginnt mit der Geburt, welche zwei unterschiedliche Passagemomente in sich vereint: den Eintritt eines neuen Lebens in diese Welt und den Übergang der jungen Frau zur Mutter. Dieses Fest entspricht in seiner Symbolik dem des Frühlings, wobei die Freude am Neubeginn von der gewaltigen Prüfung überschattet wird, die Mutter und Kind während der Geburt selbst zu bestehen haben, weshalb ich einen Geburtsaltar wenn möglich bereits einige Tage vor dem Ereignis aufbaue, um beiden Aspekten Rechnung tragen zu können. Darüber hinaus gilt es, ein neugeborenes Wesen in einer geborgenen und schützenden Atmosphäre willkommen zu heißen sowie für die Mutter die Aspekte der Heilung und Erholung einzubringen. Dies können dafür geeignete Elemente sein:

- die Farben Weiß, Rot und Schwarz (Sie erinnern sich vielleicht an den Beginn des Märchens "Schneewittchen"?)
- Hämatit – reduziert Streß, vertreibt Negatives, symbolisiert gesundes Blut
- Onyx – schützt, reduziert Streß, zieht Glück an
- Dachs – für Mut
- Bär – Durchhaltevermögen
- Kuh – Schutz, Mutterliebe
- Storch – ich denke, dazu muß ich nichts sagen
- Gans, Gänsefeder – Neuanfang, Freude, Kinder, Kreativität, spirituelle Führung
- Korb – symbolisiert Fruchtbarkeit, Leidenschaft und Geburt
- Schale – als Symbol für den universellen Schoß
- Ankh – ewiges Leben und die Wiederauferstehung

Mit diesem schlichten Geburtsaltar wurde ich durch den Akt der Geburt begleitet und mein Sohn auf dieser Welt willkommengeheißen. Das Ganze fand übrigens ambulant im Krankenhaus statt – und hat die Hebammen nicht im mindesten gestört!

- Statuetten von Fruchtbarkeits- und Muttergöttinnen (z.B. Venus von Willendorf)
- Caduceus – der Schlangenstab des Hermes steht für Heilung
- Kessel – steht für den schwangeren Bauch
- Kinderfigur oder Kinderfotos
- kreisförmige Dinge (Ringe, Kränze) – alles, was für den Kreis des Lebens stehen kann
- Eier
- Handsymbole – stehen für Kraft und Schutz vor negativen Einflüssen
- Vogelnest
- Schlüssel – gab man im alten Rom Gebärenden für einen leichten Geburtsverlauf in die Hand
- Eichenlaub – Mut, Kraft, Ausdauer
- Lavendel – reinigend
- Pfingstrose – steht für Liebe, Geburt und Kinder

Während das Fest der Geburt bei uns zumindest in Bezug auf das Neugeborene (wenn auch weitaus seltener für die Mutter) noch gefeiert wird, sieht es mit den anderen Passagezeiten schon schlechter aus. Heute sieht die Feier zum achtzehnten Geburtstag eines Menschen meist nicht wesentlich anders aus als die vorhergehenden Feste auch, obwohl wir diesen Zeitpunkt zumindest im gesetzlichen Sinn als den Augenblick des Erwachsenwerdens definieren. Das kann aber auch durch ganz andere Ereignisse eingeleitet werden, und es bleibt Ihrer Entscheidung überlassen, wann ein junger Mensch bereit für seinen feierlichen Übergang ins Erwachsenenleben ist. Ein Altar hierzu symbolisiert Verantwortung, beginnende Reife, die Suche nach Wissen und Weisheit, hat aber auch familiäre und materielle Aspekte.

- die Farben Grün und Rot
- Schlange – kreative Kraft, sexuelle Energie
- Fledermaus – steht dafür, auch unter schwierigen Bedingungen seinen Weg finden zu können
- Bär – steht für die Fähigkeit, die Familie zu schützen
- Biene – symbolisiert Verantwortung
- Bulle – Stärke, Wachsamkeit, sinnvoll gelenkte Aggression
- Katze – Unabhängigkeit
- Hahn oder Hahnenfeder – Selbstvertrauen
- Delphin – Freundschaft, Intelligenz, Kommunikation
- Pfeil – Zielstrebigkeit
- Zaumzeug – positive Selbstkontrolle
- Kreuz – steht als Symbol für die Balance der vier Elemente dafür, den Alltag zu meistern
- Weintraube – steht für Fruchtbarkeit und die Opfer auf dem Weg zu sich selbst
- Ruder – steht für Aktivität und Kontrolle über das eigene Leben
- Schild – Schutz, Selbstfindung
- Schwert – Stärke, Verteidigung
- Achat – Stärke, Mut
- Amethyst – stabilisiert und erdet
- Eicheln, Eichenzweige – symbolisieren die physische Stärke dieser Lebensphase
- Schlüssel – als Symbol für den zukünftigen eigenen Haushalt
- Modellauto – steht dafür, das Steuer für das eigene Leben selbst in die Hand zu nehmen

Altar für einen 65. Geburtstag im Zeichen Wassermann. Hier herrschen die Farben Meergrün für den Wassermann und Weiß für das Luftelement vor. Die blauen Kugeln sind Wunschperlen, die Steine, Federn, Muscheln und so fort stellen Verkörperungen der guten Wünsche der Geburtstagsgäste dar.

Auch der Übergang ins Alter wird heute kaum mehr gewürdigt, was wesentlich dazu beiträgt, daß diese Lebensphase eher gefürchtet als begrüßt wird. Dabei haben Menschen um die Fünfzig jungen Erwachsenen vieles voraus: Nachdem die Kinder ihre eigenen Familien gegründet haben, verfügen sie erneut über die Freiheit ihrer eigenen Zeit, die sie aufgrund der Erfahrungen der vergangenen Jahrzehnte ganz anders zu nutzen wissen als ein Zwanzigjähriger. Oft haben sie sich auch beruflich und damit finanziell auf eine Weise stabilisiert, die ihnen einen höheren Lebensstandard erlaubt. Aber der Zugewinn an Lebensqualität in dieser Lebensphase ist nicht unbedingt davon abhängig, denn er entsteht auch aus einer durch die Ereignisse der Vergangenheit gefestigten und gereiften Persönlichkeit. Ich bin heute, da ich dies schreibe, erst Anfang Dreißig, aber Sie können mir eines glauben: Ich sehne mich nicht im mindesten nach dieser unruhigen und unsicheren Zeit vor zehn oder zwölf Jahren zurück, als ich aufgrund mangelnder Lebenserfahrung fast nicht in der Lage war, die Anforderungen des Erwachsenenalltags selbst zu bewältigen und bei aller überschäumenden Energie der Jugend auch immer die Selbstunsicherheit und Haltlosigkeit mitschwang. Die alterungsbedingten Veränderungen der letzten Jahre lassen mich mit Freude auf jene Lektionen und Erfahrungen blicken, die mir diesbezüglich noch bevorstehen mögen – und der Preis körperlicher Einschränkung erscheint mir im Vergleich dazu keineswegs zu hoch. Ein diesem Thema gewidmeter Altar kann Menschen, die sich mit dem Übergang in das letzte Lebensdrittel auseinandersetzen möchten, viel über die lohnenden Elemente dieser Phase mitteilen und den Übergang so erleichtern helfen. Dabei können die folgenden Dinge unterstützend wirken:

- die Farben Dunkelgrün, Rotbraun und Violett
- Schlange – für Weisheit, psychische Energie, Kreativität und Verstehen (ja, das ist ein vielbegabtes Tier!)
- Schmetterling – Transformation in eine höhere Form, Freude, Freiheit
- Kranich – Gerechtigkeit, Langlebigkeit, Würde, Weisheit, Disziplin, tiefere Wahrheiten verstehen
- Drache – Wissen, Reichtum, Schutz, die Fähigkeit zur Überwindung von Hindernissen, spirituelle Unterweisung
- Adler oder Adlerfeder – Weisheit, Langlebigkeit, Einsicht, aus Erfahrung gewachsene Stärke und Mut, die Ganzheit sehen können, Verbindung zu machtvollen geistigen Wesenheiten, spirituelle Höhen erreichen
- Greif – Macht, dem inneren Selbst begegnen, Erleuchtung
- Rabe – Bote der geistigen Welt, Lehrer der Magie und der Prophezeihung

- Schildkröte – für Gefahren wachsam sein, Ausdauer, Geduld, Langlebigkeit
- Wolf – Weisheit, Transformation, starker Schutz, spirituelle Führung
- Krone – Licht, Vollendung, Erfolg, Erleuchtung
- geflügelter Kreis, geflügeltes Ei – spirituelle Entwicklung
- Honig – Weisheit, das höhere Selbst
- Labyrinth – der spirituelle Pfad, der zum göttlichen Selbst zurückführt
- Lampe – spirituelle Intelligenz
- Granatapfel – symbolisiert die Dreifache Göttin als alte Weise
- Sichel – die Ernte des Lebens einholen
- Getreidegarben – symbolisieren die Ernte
- Schiff, Boot – symbolisiert die innere spirituelle Reise
- Stab – Stütze, aber auch Autorität
- Turm – geistiger Aufstieg
- Fluorit – Illusionen durchschauen, psychische Entwicklung
- Lapislazuli – Verständnis der Mysterien des Lebens
- Apfel, Apfelzweig – symbolisiert den Übergang von einer Lebensphase in die nächste
- Ulme – steht für Würde

Na, läßt Sie diese Liste die letzte Phase unseres Lebens vielleicht mit etwas anderen Augen sehen? Da gibt es eine Menge hochinteressanter Dinge zu erforschen und zu erleben!

Auch Altäre, die anläßlich des Todes eines geliebten Menschen oder Tieres gestaltet werden, erfüllen ähnlich wie schon die Geburtsaltäre einen doppelten Zweck, indem sie zum einen dem Verschiedenen den Übergang in die andere Welt erleichtern und zum anderen die Zurückgebliebenen trösten und mit der nötigen Kraft zur Bewältigung dieser schmerzvollen Situation unterstützen sollen. Ein solcher Altar könnte sich der folgenden Elemente bedienen:

- die Farben Schwarz, Braun und Weiß
- Schmetterling – Symbol für Reinkarnation, in Irland, Cornwall und Sibirien gelten weiße Schmetterlinge als die Seelen Verstorbener
- Reh – ein Bote der Anderswelt, der Kontakt zu Verstorbenen herstellen kann
- Hund – steht mit den Göttinnen der Unterwelt in Verbindung

- Pferd – Tod, Unterwelt, Kontakt mit Verstorbenen, Freiheit, Freundschaft, Reise
- Eule, Eulenfeder – Tod, Nacht, Kälte, Weisheit, die lunaren Mysterien, Initiation
- Phönix – Erneuerung, Wiedergeburt, spirituelles Wachstum
- Ankh – ewiges Leben, Auferstehung
- kreisförmige Dinge – das Ende wird zum Neubeginn
- Säule, Baum, Leiter – Aufstiegssymbole
- Schleier – die feinstoffliche Pforte zwischen dieser und der anderen Welt
- Regenbogen – die Brücke zwischen den Welten, Verbindung zu Verstorbenen
- Sichel – als Instrument des Todes
- Spirale – Tod und Wiedergeburt
- Karneol – Kontakt zur Vergangenheit, Schutz
- Fluorit – Erdung, Schutz
- Malachit – Hoffnung
- Onyx – bannt Kummer
- Rosenquarz – Reinigung, gegen Depression, emotionale Heilung
- Fichte – Reinigung
- Stechpalme – Tod und Wiedergeburt, Unterwelt
- Mistel – Wiedergeburt, Tod und Unterwelt
- Eibe – Unterwelt, Unsterblichkeit, Tod
- Fotos und Gegenstände des Verstorbenen (ganz wichtig!)

Spezielle Rituale

Nach diesen Beispielen können Sie Altäre für täglichere Anlässe und Bedürfnisse entwerfen. Oft genügt es, in einen bestehenden Altar vier oder fünf weitere Elemente einzubauen, die Ihr Anliegen repräsentieren – dann haben Sie ganz schnell einen Ort für ein Liebesritual, eines zur Unterstützung einer Prüfung oder ähnlichem geschaffen. Lassen Sie Ihrer Kreativität hierbei viel freien Raum und vergessen Sie nicht, erst auf intuitive Weise nach den Ihr Anliegen symbolisierenden Gegenständen zu suchen, bevor Sie Nachschlagewerke zu Rate ziehen.

Ein Altar für Tiere anläßlich der BSE-Krise. Er wurde für ein Ritual erstellt, das den Teilnehmern helfen sollte, ihre Betroffenheit, Hilflosigkeit und Empörung angesichts der Notschlachtung tausender von Rindern auszudrücken. Das große Symbolgebäck mit dem halbmondförmigen Gehörn eines stilisierten Kuhkopfs soll diese in vielen Kulturen als allnährendes Prinzip geachtete Tierart ehren. Die Kopie eines Bildnisses aus dem 7. Jhd. v.d.Z. zeigt eine herzhauptige Göttin, die mit ausgebreiteten Armen die Wesen der Luft, der Erde und des Wassers beschützt. Sonnenzeichen als Ganzheitssymbole umrunden alle Tiere. Den Schoß der großen Mutter ziert ein mächtiger Fisch, vielleicht zum Zeichen ewiger Erneuerung. Der mit einem blutroten Band umwickelte Stacheldraht erinnert an die bedrohten Wildtiere und an die lebensfrohen Rinder, die im Sommer noch auf den nahegelegenen Weiden grasten und deren Schicksal jetzt ungewiß ist. Der grüne Kranz mit Federn drückt die Hoffnung auf Bewußtseinsveränderungen aus.

der ahnenaltar

Zur Aufgabe des Ahnenkults

Unseren nichtchristlichen Vorfahren war es sehr wichtig, Kontakt zu verstorbenen Familienmitgliedern zu halten. Sie sahen sich als Einzelpersonen in einer langen Kette von Menschen stehen, die weit in die Vergangenheit hineinreichte und mit ihnen in die Zukunft fortgesetzt wurde. Auf diese Weise schafften sie sich die Gewißheit der Zugehörigkeit, welches nicht nur eine örtliche Verwurzelung beschrieb, sondern sich auch innerhalb eines zeitlichen sowie kulturellen und sozialen Rahmens bewegte.

Die meisten Menschen wissen, welch großen Einfluß die Persönlichkeiten der eigenen Eltern und Großeltern auf uns haben – wir sind ein Produkt nicht zuletzt unserer familiären Umgebung, und oft fällt es uns leichter, uns selbst zu verstehen, wenn wir unsere Herkunft diesbezüglich betrachten. Unsere Persönlichkeit, Verhaltensweisen, Einstellungen und Motivationen sind nicht zuletzt auch Ergebnis einer langen Reihe von Menschen, die uns vorausgegangen sind und die ihre Erfahrungen jeweils an die nächste Generation weitergegeben haben. Nicht umsonst tauchen zum Beispiel in manchen Familien bestimmte Berufe oder auch Lebensthemen immer wieder auf, denn oft haben mehrere Generationen eine gemeinsame Aufgabe, die sie für die ganze Gemeinschaft bearbeiten und bewältigen. Dabei kann es sich sowohl um Aufgaben an der Familie als auch um solche an der Gesellschaft handeln. Deshalb ist es für jeden Menschen, der seinen Platz im Leben sucht, oft recht hilfreich, in Verbindung mit seinen Vorfahren zu treten. Das umfaßt für mich nicht nur verstorbene Familienmitglieder, sondern auch nicht blutsverwandte Personen, von denen wir viel lernen konnten oder die auf andere Weise eine besondere Bedeutung in unserem Leben hatten. Die Beschäftigung mit der Vergangenheit unserer Familie oder auch Wahlfamilie ermöglicht es uns, nähere Kenntnis des größeren Zusammenhangs zu gewinnen, in dem wir uns befinden.

Darüber hinaus gehen viele Religionen – und darunter auch die vorchristlichen Europas – davon aus, daß Verstorbene oft eine schützende, wachende und beratende Funktion für ihre lebenden Familienmitglieder übernehmen. Selbst wenn sie sich nicht mehr auf unserer Daseinsebene bewegen sollten, sind sie immer noch in der Lage, unseren Ruf von dort, wo sie sich nun aufhalten, zu hören und uns ihre Aufmerksamkeit sowie ihren Rat zukommen zu lassen. Diese Erfahrung kann gerade nach dem Verlust eines geliebten Menschen von großem Trost sein; aber auch nach der Zeit der Trauer hat mir die Erfahrung, von meinen geliebten Verstorbenen noch immer mit Interesse begleitet zu werden, oft ein Gefühl der Geborgenheit und des Eingebundenseins vermittelt. Es ist einfach schön zu erle-

ben, daß wir immer noch alle gemeinsam auf ein bestimmtes Ziel hinarbeiten – ob nun in dieser oder der anderen Welt.

Im nordisch-germanischen Kulturkreis ging man zu vorchristlichen Zeiten (und in den entsprechenden modernen Religionsformen oft auch heute wieder) davon aus, daß verstorbene Personen irgendwann innerhalb der eigenen Familie wiedergeboren werden. Man betrachtete die Kinder im Laufe ihrer frühen Jahre genau und fragte sich gerne, wer da wohl wiedergekommen sein mochte. Auch gab es die Praxis, geliebte Verstorbene einzuladen, in einem noch ungeborenen Kind wieder in den Kreis der Familie zurückzukehren.

Für viele Menschen ist die Vorstellung, mit den von ihnen gegangenen Familienmitgliedern erneut in Kontakt zu stehen nicht sehr angenehm, weil die Beziehung zu Lebzeiten nicht die beste war. Ich habe jedoch gehe davon aus, daß verstorbene Menschen unsere Welt und die Ereignisse, die sich darin abgespielt haben, aus einem völlig anderen Blickwinkel sehen als noch zu Lebzeiten oder auch als wir selbst. Da es ihnen – losgelöst aus der Welt der kausalen Verbindungen und befreit vom Schleier des Vergessens, der bald nach der Geburt über uns alle fällt – möglich ist, die Ganzheit des Lebens und alle darin verknüpften Zusammenhänge zu erkennen, haben sie oft gerade zu vergangenen Konflikten wichtige Informationen für uns. Ich habe mehr als einmal erst auf diese Weise und im Nachhinein erkannt, welche durchaus wichtige Aufgabe eine schwierige familiäre Konstellation zu Lebzeiten der daran Beteiligten hatte. Darüber hinaus ist das Leben in unserer Welt eine Art Rollenspiel; wir erfahren uns hier nicht als jene ganzheitlichen und die Zusammenhänge überblickenden Seelen, die wir in Wahrheit sind. Wer in diese Welt und somit in einen physischen Leib eintritt, tut dies, weil er bestimmte Dinge lernen, erfahren und üben will; also schlüpft er in eine Rolle, die ihm diese Erfahrungen ermöglicht und die wir hier als Persönlichkeit kennenlernen. Diese Persönlichkeit stellt meiner Erfahrung nach jedoch nur einen kleinen Teil jener Charakteristika dar, welche die Seele als Ganzes ausmachen. Deshalb kann sich der Kontakt zu einer Person nach deren Tod ganz anders gestalten als dies zu Lebzeiten möglich war, und deshalb ist es gerade bei Menschen, zu denen wir im Leben ein eher schwieriges Verhältnis hatten so wichtig und oft auch erleichternd, diese Verbindung herzustellen.

Die Gestaltung eines Ahnenaltars

Ich habe meinen verstorbenen Lehrern und Vorfahren einen eigenen kleinen Altar gewidmet, der an der Seite jenes Altars steht, an welchem meine Familie ihre naturreligiösen Zeremonien feiert, denn wir beziehen unsere Ahnen in jedes

Fest mit ein. Wann immer ich im Laufe des Tages an diesem kleinen Tischchen vorbeikomme, grüße ich meine Vorfahren kurz und denke an sie. Auf diese Weise verbringe ich den ganzen Tag in ihrer wohlwollenden Gemeinschaft. Andere Menschen stellen den Ahnenaltar in der Nähe der Haustür oder des Wohnungseingangs auf, weil sie die schützende Funktion, welche ihre Vorfahren für die Familie übernehmen, deutlich spüren. Wiederum andere können sich einen Ahnenaltar nur in der freien Natur vorstellen – entscheiden Sie einfach selbst nach ihrem Gefühl, wo er für Sie hingehört.

Die Grundlage bei der Gestaltung eines solchen Altars können durchaus jene Elemente bilden, die ich schon im vorangegangenen Kapitel zum Thema Tod und Wiedergeburt aufgeführt habe; darüber hinaus jedoch wird dies erst zum Winkel ihrer persönlichen Familie, wenn Sie ihn mit Fotos, Bildern und Erinnerungsstükken an die von ihnen dort angesprochenen Personen ergänzen. Oft entstehen auch rasch kleine Riten um diesen Altar – auf meinem steht zum Beispiel eine Schale, in die ich die Köpfe verblühter Rosen hineinlege. Wann immer in Haus oder Garten solche Blüten anfallen, nehme ich ein oder zwei davon und bringe sie meinen Ahnen. Dies symbolisiert die Liebe, die ich für sie empfinde, und irgendwie habe ich das Gefühl, daß die trockene Blüte dieselbe Sprache wie meine verstorbenen Familienmitglieder spricht, weil sie über ähnliche Erfahrungen verfügt. Obwohl die Rosen tot sind, kann ich über ihren immer noch vorhandenen sanften Duft deutlich spüren, daß auch sie weiterhin über eine Essenz verfügen, die das Leben überdauert, und diese Essenz sende ich meinen Ahnen.

Noch ein Wort zum bereits mehrmals erwähnten "Kontakt": Um mit ihren verstorbenen Vorfahren in Verbindung zu treten, müssen Sie weder ein berühmtes Medium sein noch eine Kristallkugel besitzen. Begeben Sie sich vor ihrem Ahnenaltar einfach in eine ruhige, meditative Stimmung und rufen Sie die Personen, mit denen Sie sprechen möchten. Lassen Sie sich ein wenig Zeit und hören Sie genau, aber entspannt in sich hinein – das, was Sie vielleicht als Ihren "inneren Dialog" kennen, wird sich schnell in ein Zwiegespräch mit Ihren Vorfahren verwandeln. Vertrauen Sie dem, was sie da hören, auch wenn es vielleicht nicht die Stimme Ihres Vaters ist, die da zu Ihnen spricht, denn es ist gut möglich, daß er sich des Klangs Ihrer inneren Stimme bedient, um sich bemerkbar zu machen. Das geschieht vor allem nach dem Tod geliebter Menschen, aber auch in Krisensituationen der Lebenden sehr oft; wir bemerken es nur meist nicht, weil die meisten von uns nicht erkennen, daß ihr innerer Dialog gerade von jemand anderem zur liebevollen Kontaktaufnahme verwendet wird. Manchmal antworten uns Verstorbene aber auch im Traum oder in der Vision.

REISEALTÄRE

Mit wenigen Dingen einen heiligen Ort schaffen

Vielleicht haben Sie während des Lesens dieses Buches bereits mit der Gestaltung eines Altars begonnen oder doch zumindest einen Eindruck davon erhalten, wie vielfältig dieser sein kann. Da ist es offensichtlich sehr unpraktisch, seinen ganzen heiligen Winkel einzupacken und mit einer großen Kiste im Schlepptau zu reisen. Viele Menschen, die zu Hause mit Altären arbeiten, entwickeln jedoch bald das Bedürfnis, sich dessen Wohltaten und Möglichkeiten auch außerhalb ihres Heims zugänglich zu machen. Nun, diesbezüglich verfahren moderne naturreligiöse Menschen oft wie die Computerindustrie: sie miniaturisieren. Es ist gar nicht so schwer, kleine Entsprechungen für die Hauptelemente des Altars zu finden, die gemeinsam in einen Lederbeutel oder in eine kleine Tasche passen. Ich schildere Ihnen hier kurz, woraus sich mein eigener Reisealtar zusammensetzt, aber lassen Sie Ihrer Phantasie diesbezüglich freien Lauf und packen Sie alles ein, was klein genug ist und Ihre eigenen Bedürfnisse erfüllt:

- eine Muschel – symbolisiert das Element Wasser
- ein verzierter Miniaturholzstab – symbolisiert das Element Feuer
- ein Kieselstein – für das Element Erde
- eine kleine, blaue Feder – für das Element Luft
- ein kleiner Bergkristall mit dreifacher Spitze – symbolisiert die Dreifache Göttin
- ein Stück vom Geweih eines Hirschs – symbolisiert den Gehörnten Gott
- eine halbe Kerze^
- ein Stück Räucherkohle
- ein kleines, mit meiner Lieblingsräucherung gefülltes Säckchen (alternativ können Sie auch ein Fläschchen Ihres favorisierten Aromaöls nehmen und sparen sich die Räucherkohle)
- ein kleines Mineralstück aus der Sammlung meines Urgroßvaters – für die Ahnen
- ein kleiner Rosenquarz – für Liebe und Herzenswärme
- ein kleiner Fluorit – für Konzentration, Erdung und Schutz
- ein kleiner Türkis – für Heilung, Reinigung und Intuition

Diese dreizehn Gegenstände passen in einen Lederbeutel, der sogar noch am Gürtel getragen werden kann und lassen sich überall zu einem hübschen kleinen Altar gestalten, der eine erstaunlich intensive Atmosphäre hat. Vor allem bei Hotelaufenthalten weiß ich dieses Stück Zuhause und Intimität sehr zu schätzen. Auch bei der Geburt meines Sohnes hat ein solcher Reisealtar (ergänzt um einige Geburtsrunen) das Geburtszimmer verschönert, was von den Hebammen kommentarlos akzeptiert wurde. Ich habe allerdings auch die eine oder andere erheiternde Erfahrung mit meinem Reisealtar gemacht. Als ich zum Beispiel am Londoner Flughafen Gatwick umsteigen mußte, lag gerade mal wieder eine Bombendrohung vor, und das Bodenpersonal hatte Anweisung, alle Fluggäste genauestens zu kontrollieren. So nahm die betreffende Dame auch mein Lederbeutelchen in genauen Augenschein. Sie berührte allerdings keinen der Gegenstände selbst, sondern bat mich, sie vor ihr auszubreiten und erfragte freundlich bei dem einen oder anderen Teil eine Erklärung. Die Art und Weise, in der sie trotz ihrer Anweisungen meine Privatsphäre achtete, hat mich tief beeindruckt. Als ich am Schluß wieder alles eingepackt und den Beutel verschnürt hatte, meinte sie lächelnd, das sei in all den vielen Jahren, die sie nun schon in der Flughafensicherung arbeite, der interessanteste Beutel gewesen, den sie je gesehen hätte!

Ein korsischer Brunnen, irgendwo zwischen Galeria und Porto (Westküste). Auch – vieleicht sogar gerade – an solchen Plätzen lassen sich Reisealtäre verwirklichen.

Ein aus wenigen, gerade zur Verfügung stehenden Mitteln errichteter Altar zum Thema "Tänze der Trauer – Tänze der Freude".

Heilige
Orte
in der
Natur

Altäre im Freien

Wer sich zum Zwecke des persönlichen Wachstums der Techniken und Elemente der Naturspiritualität bedient, findet sich natürlicherweise sehr bald im Freien wieder. Gerade unter freiem Himmel haben sich Reisealtäre sehr bewährt, aber manchmal werden Sie auch das Verlangen haben, einen eigenen Altar speziell für einen bestimmten Anlaß zu gestalten. Falls dieser Altar nur für die Dauer Ihrer Feier stehen soll, unterliegt Ihre Phantasie da keinerlei Einschränkungen – außer vielleicht dem Umstand, daß Sie all diese schönen Dinge, die im Augenblick noch bequem auf dem Wohnzimmertisch liegen, im eigenen Rucksack auf den nächsten Berg tragen müssen. Bitte bedenken Sie aber auch, daß während des Sommers das Hantieren mit offenem Feuer im Wald Gefahren in sich birgt und oft sogar verboten ist. Gerade wenn Sie in der Natur feiern wollen, ist Ihr Verantwortungsbewußtsein in besonderem Maße gefragt, und selbstverständlich sollte man dem von Ihnen gewählten Ritualort nach dem Verlassen nicht ansehen können, daß Sie überhaupt da waren. Leere Feuerzeuge, die Aluminiumverpackung

der Räucherkohle oder auch zertrampelte, unter Naturschutz stehende Pflanzen zeugen niemals von einer hochentwickelten Persönlichkeit, und auch verrrottungsfähiger Müll stört das Auge anderer Wanderer sowie das energetische Gefüge des Ortes empfindlich.

Falls Sie jedoch über einen eigenen Garten verfügen, haben Sie die Möglichkeit, einen ständigen Außenaltar anzulegen. Mit diesem können Sie im Prinzip machen, was Sie wollen, aber im Sinne der Funktionstüchtigkeit eines solchen heiligen Winkels haben sich ein paar Ideen bewährt. Die Grundlage eines derartigen Altars bildet oft ein schwerer, an seiner Oberfläche flacher Stein, aber auch ein trockenes Natursteinmäuerchen oder sogar der Stumpf eines Baumes haben sich bewährt. Wählen Sie den Ort so, daß er nicht nur Ihrem inneren Empfinden entspricht, sondern auch die Möglichkeit bietet, sich im Kreis darum zu bewegen, ohne Zierpflanzen zu gefährden. Gerade was die Platzwahl im eigenen Garten angeht, können Sie sich auf die Unterstützung der dort wachsenden Pflanzen (und hier vor allem der Bäume) sicher verlassen.

Ein solcher ständiger Außenaltar besteht oft nur aus wenigen Elementen, die bei Feiern und Ritualen jeweils entsprechend des Anlasses ergänzt werden. Bei uns ist es eine stabile, etwa dreißig Zentimeter hohe Tonfigur der Muttergöttin und ein schmiedeeiserner Leuchter, in den wir bei Bedarf eine dicke Kerze stellen. Aber auch die überall erhältlichen Grablichter können diese Funktion erfüllen. Eine schwere, irdene Schale steht für das Element Wasser, und die Luft finde ich in den sich darüber neigenden Zweigen des Holunderbaums wieder, wenn der Wind sanft durch sie hindurchstreicht. Bei Außenaltären ist die natürliche Umgebung von großer Bedeutung und sollte in den Gestaltungsakt vor allem bei der Platzwahl mit einbezogen werden. Deshalb ist es auch so schwierig, Gestaltungshinweise für Außenaltäre zu geben – sie leben und entwickeln sich mit ihrer Umgebung, die sich von Fall zu Fall sehr unterscheiden kann.

Ein Außenaltar bietet Ihnen die Möglichkeit, Ihre inneren sowie meditativen Erfahrungen auf eine ganz neue Ebene zu bringen. Jeder, der schon einmal im Innern eines Hauses eine Erdungsübung durchgeführt und diese dann im Freien wiederholt hat weiß, wovon ich spreche. Machen Sie Ihre gewohnten spirituellen Übungen und Techniken ruhig mal in der Natur; Sie werden überrascht sein, was Ihnen dann alles begegnet, denn die Natur ist ein lebendiger und sich seiner selbst bewußter Lehrer, der Ihre Bemühungen aufmerksam sowie wohlwollend verfolgt und Sie auf erstaunlichste und unerwartetste Weise unterstützen wird. Da draußen, zwischen Bäumen und Gras, Wasser und Wiesen – da sind Sie niemals allein. Dort fängt das zutiefst Heilige gerade erst an.

Quellen und weiterführende Literatur

Conway, D.J., *A Little Book of Altar Magic, The Crossing Press*, Freedom, California 2000

Folkerts, Helge, *Frauenkreise. Feste, Feiern, Rituale um die heilige Mitte*, Arun-Verlag, 1999

Gabriel, Vicky, *Der alte Pfad. Wege zur Natur in uns selbst*, Arun-Verlag, 1999

Gabriel, Vicky, *Zaubersprüche. Magische Kräfte für den Alltag nutzen*, Ludwig Verlag, 2000

Starhawk, *Der Hexenkult als Urreligion der Großen Göttin*, Goldmann, München, 1992

Streep, Peg, *Dein ganz persönliches Heiligtum*, Bauer Verlag, Freiburg, 2000

(Dank an dieser Stelle auch an Daniel für die Abbildung des Ahnenalters und an Friedeborg und Karsten für die Abbildung ihres Tempels; der Verleger)

In diesem kleinen Gartentempel befindet sich an dem Ort, an dem in christlichen Zusammenhängen ein Abbild des Gekreuzigten hängt, ein Spiegel!

Edition Björn Ulbrich

Das vorliegende Buch ist Band 9 der Edition Björn Ulbrich, einer Ratgeber- und Nachschlagebibliothek für modernes naturreligiöses Leben, in der in loser Reihenfolge Bücher, Videos und CD's erscheinen. Diese Themen sind geplant:

- Der Schrei des Lebens. Zeremonien und Rituale zu Geburt und Namensgebung.

Sie können sich daran beteiligen, indem Sie:

- Uns Fotos und kleinere Texte über verschiedene Rituale zur Verfügung stellen, die wir in bestehende oder neue Projekte einbauen können.
- Genug Material für ein eigenes Büchlein gesammelt haben.
- Uns Kontakte zu interessanten Personen vermitteln.

Bereits erschienen:

- Björn Ulbrich/Holger Gerwin: Die geweihten Nächte. Rituale der stillen Zeit. Ein Ratgeber für Weihnachten.
- Helge Folkerts: Frauenkreise. Feste, Feiern, Rituale - um die Heilige Mitte.
- School of Lost Borders: Erwachsenwerden in der Wildnis. Visionssuche mit Jugendlichen. (VHS-Video)
- Voenix/Holger Gerwin: Der Jahreskreis. (vierfarbiges Poster)
- Helge Folkerts: Symbol-Gebäck. Für Körper, Geist und Seele im Rad des Jahres und des Lebens.
- Björn Ulbrich/Holger Gerwin: Die Hohe Zeit. Rituale und Zeremonien für Hochzeit, Lebensbund und Familie.
- Voenix/Björn Ulbrich: Das Medizinrad. (vierfarbiges Poster)
- Björn Ulbrich/Holger Gerwin: Der Tag der Sonne. Lebendige Zeremonien und zeitgemäßes Brauchtum zur Feier der Sommersonnwende.

Bezugsquelle

GAIA-Versand für Naturreligion, Schamanismus und Spirituelle Ökologie, Mühle im Hexengrund, 07407 Engerda, Tel.: 036743-23312, Fax: 036743-23317, service@gaia-versand.de, www.gaia-versand.de. Farbkatalog kostenlos!